Two Lands, Two Languages, Two Lives

Две страны, Два языка, Две жизни

Lora Gridneva

A Dual-Language Book

Bright Pen

Visit us online at www.authorsonline.co.uk

A Bright Pen Book

ISBN 978 0 7552 0638 4

Authors OnLine Ltd
19 The Cinques
Gamlingay, Sandy
Bedfordshire SG19 3NU
England

This book is also available in e-book format, details of which are available at
www.authorsonline.co.uk

ACKNOWLEDGMENTS

This book is a collection of stories brought to life by the many individuals who have touched my life – from an early start in a Soviet Union recovering from the ravages of the Second World War to the present-day comfort and security of early 21ˢᵗ Century Western Europe. My thanks go to all these people – to the minor and major characters who unwittingly provided the backdrop against which these stories are recalled.

I am indebted to a number of friends and colleagues who have directly contributed to the creation of this book. I must single out Oliver Heathcote who has assisted with the translation, acted as general editor and spent innumerable hours performing the endless typesetting. He has helped me greatly throughout the production of this book and without him it would never have happened. Daria Belotsvetova as a native Russian speaker and teacher of English as a foreign language has been a tower of strength in much of the translation and has also provided the artwork for the cover. Chris Fessler also helped with the translation and Chris Shephard contributed, as well as translation, many varied ideas and suggestions that embellish this book. Many friends helped by proofreading and I much appreciate the encouragement of ex-colleagues from Suffolk College, notably Peter Fox, ex-Head of the Language Department.

Last, but by no means least, I would also like to recognise the part that my students of the Russian language over many years have played in crystallising (in my mind at least) an important conclusion drawn from this book. A language is not merely a vehicle for expressing abstract ideas. A language *of itself* fashions those ideas by its subtle influence on the way an individual thinks, how they look at the world. Language influences a person's outlook on life. Conversations with and feedback from so many enthusiastic students – past and present – have unknowingly provided the germ of an idea which blossomed within this book:

Two Languages, Two Attitudes to Life

ПРЕДИСЛОВИЕ

Эта книга принадлежит к первоисточнику. Она была написана не иностранцем-историком, который черпал бы свой материал из архивных источников Советского Союза, обеспечивая читателя тысячью цифр и сухой статистикой – но в основу этой книги лёг живой материал, непосредственные ощущения и раздумья девочки, девушки, взрослой женщины, которая большую часть своей жизни (после войны и до перестройки) прожила в уникальной стране, Советском Союзе, канувшем в лету.

Естественно, это мой личный жизненный опыт, но я уверенно могу говорить от лица тысяч людей (по крайней мере трёх поколений), которых я встретила на своём жизненном пути. Источники зарубежных авторов по большей части отражают негативность и упадничество того периода в стране. Я же попыталась воссоздать атмосферу этого периода, проходя по бесконечным лабиринтам моей памяти, восстанавливая ощущения пролетевших лет и делая ударение на специфичность русского характера – выживаемость. Может быть, прочитав эту книгу, иностранцы смогут лучше понять, где находятся корни русского духа и русской души.

Поскольку эта книга является Dual Language book, то в первую очередь она будет интересна для студентов, изучающих русский язык, а также и для русских студентов, изучающих английский. Уровень подготовки языка – продвинутый и выше. Характер языка – разговорный и не представляется слишком трудным. Перевод на английский язык был осуществлён достаточно близко к русскому тексту, принимая во внимание главную цель этой книги – изучение языка, хотя в тоже время по-возможности сохранялась плавная «читаемость» английского и идиомы.

Более того, эта книга будет представлять несомненный интерес также и для людей, не изучающих русский язык, но интересующихся повседневной жизнью в России и периодом страны, уникальность которого трудно отрицать. И кто знает, может быть, вам удастся проникнуть в необъяснимую специфичность России, про которую В.Черчилль однажды сказал, что «это загадка, завёрнутая в мистерию и окутанная тайной».

FOREWORD

This book springs from the heart. It was not written by the foreigner-historian who would draw on material from Soviet archives, showering the reader with figures and dry statistics; the basis of this book on the other hand lies in living material, the immediate sensations and thoughts of a young girl, teenager then adult woman who lived the greater part of her life (from the war to *perestroika*) in that unique country, the Soviet Union, which disappeared into history.

Naturally this is my personal life experience, but I can confidently speak personally for thousands of people – at least three generations – whom I met on my journey through life. Those foreign authors whom I have encountered are for the most part negative about that period in the country. To redress this I have attempted to recreate the atmosphere of this period, drawing from memory and reliving the sensations of bygone years and emphasising that specialness of the Russian character – the capacity to survive. Perhaps, having read this book, foreigners will be better able to understand where lies the Russian soul and spirit.

Since this title appears as a 'Dual-Language' book, it will first of all be of interest to students who are studying the Russian language, but also for those studying English. The level of language is judged to be advanced and higher. I have used colloquial language and readers should not find it too difficult. The English translation follows the Russian closely – since the main purpose of the book is to learn a language – while trying at the same time to be smooth and idiomatic.

Furthermore for those not using it specifically as a tool to advance their Russian language skills, this account should appeal to those who are interested in everyday life in that unique land. And who knows, maybe you will be able to penetrate the unexplainable character of Russia that Winston Churchill once described as "a riddle, wrapped in a mystery, inside an enigma".

СОДЕРЖАНИЕ

ЧАСТЬ ПЕРВАЯ

РОССИЯ **2**

I. ДЕТСТВО **4**
1. Родом из России 4
2. Постижение библейской истины 12
3. Зима 22
4. Весна 28
5. Пионерский лагерь...................30
6. Вступление в пионеры...................36

II. ШКОЛА **42**
1. Учитель физики...................44
2. Неприятности в школе...................50

III. ВЫСШЕЕ ОБРАЗОВАНИЕ В СССР **54**

IV. РУССКИЕ ЖЕНЩИНЫ **58**

V. ВРЕМЯ ВЗРОСЛЕТЬ **72**

VI. УНИВЕРСИТЕТ **78**
1. Каникулы на Чёрном Море 80
2. Новый мир 92
3. Походы 104
4. Студенческие отряды...................118
5. Диплом 126

CONTENTS

PART ONE

RUSSIA 3

I.   CHILDHOOD   5
1. Born in Russia.................................5
2. Learning the Biblical truth.................13
3. Winter.....................................23
4. Spring.....................................29
5. Pioneer Camp...............................31
6. Joining the Pioneers.......................37

II.   SCHOOL   43
1. The physics teacher........................45
2. A slip-up at school........................51

III.   HIGHER EDUCATION IN THE USSR   55

IV.   RUSSIAN WOMEN   59

V.   GROWING UP   73

VI.   UNIVERSITY   79
1. Vacation by the Black Sea 81
2. New world.................................93
3. Camping trips............................105
4. Student Brigades.........................119
5. Graduation...............................127

VII. ПЕРВАЯ РАБОТА   **130**
  1. Первый проект....................132
  2. Успех: хорошо это или плохо? 138
  3. Незабываемые годы 140
  4. Выдающийся физик 146
  5. Друзья физики 150

VIII. РЕШИТЕЛЬНЫЙ ШАГ   **154**
  1. Утрата.............................154
  2. На пути поиска 162
  3. Новая профессия 166

IX. СУДЬБОНОСНАЯ СЛУЧАЙНОСТЬ   **172**

X. ДОЛГОЖДАННЫЙ ПОДАРОК   **184**

XI. ВЫЖИВАНИЕ   **190**

XII. НИТИ ПРОШЛОГО   **196**

ЧАСТЬ ВТОРАЯ

ВЕЛИКОБРИТАНИЯ............... 204

I. ПРИГЛАШЕНИЕ В АНГЛИЮ   **206**
  1. Стипендия.........................206
  2. Исключительные англичанки 208
  3. Подготовка к отъезду 214

VII. FIRST JOB   **131**
  1. First project 133
  2. Success: good or bad? 139
  3. Unforgettable years 141
  4. A distinguished physicist 147
  5. Physicist friends 151

VIII. THE DECISIVE STEP   **155**
  1. A tragic loss 155
  2. Finding my way 163
  3. A new profession 167

IX.   A FATEFUL EVENT   **173**

X.   A LONG-AWAITED GIFT   **185**

XI.   SURVIVAL   **191**

XII. THREADS OF THE PAST   **197**

PART TWO

GREAT BRITAIN 205

I.   INVITATION TO ENGLAND   **207**
  1. Grant 207
  2. Exceptional English women 209
  3. Preparations for departure 215

II. ПРИКЛЮЧЕНИЯ РУССКОЙ В АНГЛИИ **218**
  1. Гостиница 218
  2. Знакомство в банке....................222
  3. Работа и общение.......................230
  4. Приглашение на Бал 236
  5. Омар в ресторане 240
  6. Бал 242
  7. Английский Лорд 250
  8. Возвращение на родину............256

III. «ТУМАННЫЙ АЛЬБИОН» **258**
  1. Новые друзья..............................258
  2. Болезнь Сэнди 260
  3. Великолепный месяц в Шотландии 266
  4. С риском для жизни 272
  5. Первые шаги в новую жизнь в Англии 282
  6. Не повезло, так не повезло! 288
  7. Первый опыт «садоводства» по-английски ..300
  8. Страх в доме 304
  9. Английская соседка 306
  10. Начало *странствий по мукам*....................308
  11. Покупка дома! 318

IV. ЗАКЛЮЧЕНИЕ **326**
  1. Два языка, два образа мыслей....................330

**II.   ADVENTURES OF A RUSSIAN
IN ENGLAND   219**
   1. Hotel.....................................219
   2. Acquaintance at the bank...............223
   3. Work and contacts 231
   4. Invitation to the Ball 237
   5. Lobster at the restaurant 241
   6. The Ball..............................243
   7. The English Lord 251
   8. Return to the homeland 257

III.   FOGGY ENGLAND   259
   1. New friends...........................259
   2. Sandy's illness.......................261
   3. A wonderful month in Scotland.........267
   4. Risking lives.........................273
   5. First steps to a new life in England..283
   6. Unlucky, oh so unlucky! 289
   7. First experience of English gardening.301
   8. Fear at home 305
   9. My English neighbour..................307
   10. The start of our wanderings in torment.309
   11. We buy a house! 319

IV.   CONCLUSION   327
   1. Two languages, two ways of thinking...331

AFTERWORD   341

ЧАСТЬ ПЕРВАЯ
РОССИЯ

Сильна ли Русь? Война и мор,
И бунт, и внешних бурь напор Её,
Беснуясь, потрясали –
Смотрите ж: всё стоит она...
                    Александр Пушкин

PART ONE
RUSSIA

Is Russia strong? War and hunger,
and riots, and neighbouring forces storm over her,
raging, shook her –
but lo, there she still stands...

Alexander Pushkin

I. ДЕТСТВО

О, дни, где утро было рай,
И полдень рай, и все закаты!
Где были шпагами лопаты
И замком царственным сарай.

Марина Цветаева

1. Родом из России

Я росла ребёнком послевоенного голодного времени. Люди всё ещё варили суп из картофельных очисток, а о мясе никто и не мечтал. Жили мы с мамой, сестрой и бабушкой. Отца с нами уже не было, о нём я упомяну позже.

Мои первые впечатления о «хлебе насущном» относятся к очень раннему возрасту. С трёх лет я помню дедушку-рыбака, который жил в нашем доме и снабжал всех любителей рыбой, которую он ловил в нашей большой реке.

Подмосковный город, где я родилась, стоит на реке Оке, которая впадает в Волгу. Целый день, в любую погоду, дед рыбачил, и к вечеру мы приходили в его квартиру и выбирали, что нам нравилось. Рыба была живая, и я помню, как часто она плавала у нас в ванной до ужина.

Не могу сказать,что я её любила – в пресноводной рыбе много костей и, когда ты голодна, то очень трудно есть малюсенькими кусочками, а иначе можно подавиться костью. Со мной это случалось несколько раз, и меня возили в больницу на «экзекуцию» – вытаскивали из горла кости. Однако, сестра моя и мама управлялись с этим блюдом очень ловко, и не успевала я опомниться, как большая миска с рыбой вместе с головами и хвостами бывала пуста.

I. *CHILDHOOD*

> Oh days when morning was heaven
> And midday heaven, and all sunsets!
> Where spades were swords
> And our shed, a palace.
>
> Marina Tsvetaeva

1. Born in Russia

I grew up in the time of famine after the war. People still cooked soup from potato peelings and no-one even dreamt about meat. I lived with my mother, sister and grandmother. My father was no longer at home – about whom more later.

My first impressions of 'daily bread' are associated with a very early age. From three I remember a *dedushka*[1] fisherman who lived in our apartment house and used to supply all the occupants with fish, which he caught in our big river.

The Moscow suburb where I was born was situated on a big river, the Oka, which flows into the Volga. The old man would fish all day long in all weathers and in the evening we'd come to his flat and choose whatever we liked. The fish were still alive and I remember they swam in our tub until supper.

I can't say I liked it. Freshwater fish has an awful lot of tiny bones and when you're hungry it's very difficult to eat it a little at a time, but otherwise you risk choking on the bones. This happened to me several times and I was taken to hospital for an excruciating procedure to have the bones extricated from my throat. However, my sister and Mum managed the task expertly and in no time the big bowl of fish bodies with heads and tails was empty.

1   granddad or any old man

I.   ДЕТСТВО

Я не огорчалась, но оставалась голодная. К ужину всегда готовилось одно только блюдо, и, если тебе не нравилось, то никто особенно не уговаривал тебя, и ты оставалась ни с чем.

Так что детство своё я вспоминаю как голодное, но весёлое. Мы жили в большом доме, где было 48 квартир. Это, по тому времени и для нашего города, был большой дом. После школы мы обычно делали уроки, часа два, три, а потом все высыпали на улицу. Играли до потери сил, самозабвенно и до темноты. Играли в любую погоду, в любое время года.

Мы проходили школу жизни – у нас были свои лидеры и свои неудачники, которых мы дразнили нещадно. Жестоко, конечно, но у детей были свои правила в своей маленькой республике. Взрослые, обычно, не вступались за своих детей, им было некогда. Все работали очень много, нагрузка была большая – работа до шести или семи часов. Потом магазины, потом приготовить ужин для семьи, убрать после ужина и стирка. Никаких холодильников, стиральных машин, пылесосов или посудомоечных машин, конечно же, не было.

Иногда в разгар какой-нибудь игры у нас возникали споры или взаимные обиды, которые могли окончиться потасовкой. Однако редко до этого доходило дело – мы решали свои проблемы сами, а кто жаловался родителям, что его (её) побили или обидели, тот получал дополнительную порцию в виде обидного прозвища: ябеда, и исключался из наших общих игр. И как же мы были язвительны и остроумны, обзывая бедолагу! Но, сейчас я думаю, что, может быть, это не было так уж плохо, потому что закаливался характер и происходило становление личности. Никто ведь не хотел иметь обидные клички, ну, например, трус, или шкура, или

I.   CHILDHOOD

I wasn't upset but I remained hungry. There was only ever one dish for supper and if you didn't like it, too bad; nobody tried especially hard to persuade you to eat and you were left with nothing.

So my childhood was hungry but jolly: that's how I remember it. We lived in a house of 48 apartments, considered big for the time and for the size of the town. After school we did our homework for about two or three hours and then poured out into the yard. We played until we dropped, oblivious to all else, and until dark. We played at any season be it summer, spring, autumn or winter, and in any weather.

We were passing through the school of life, we had our leaders and our losers – whom we teased mercilessly. It was cruel of course, but children have their own rules in their own little 'republic'. Adults usually didn't interfere and didn't stand up for their children; they had no time for them. All our parents worked very hard, their load was heavy, working until 6 or 7 o'clock. Then came shopping, cooking a meal for the family, tidying up after supper and doing the laundry. Of course in those days such things as fridges, washing machines, vacuum cleaners, dishwashers, did not exist.

Sometimes in the heat of a game there arose arguments and recriminations that might end in a fight. However, it seldom came to this – we usually solved our problems ourselves, and if somebody complained to parents that he or she had been beaten, the poor devil got extra teasing; one would be called a telltale and be excluded from our games. Indeed we were really caustic and ingenious in making up these offensive names! But in hindsight maybe it wasn't that bad because it toughened the character and shaped the personality for the better. Naturally nobody wanted a rude nickname like for example coward, meanie, milksop, dummy, mummy's boy,

I. ДЕТСТВО

жадина, или кашёлка, или маменькин сынок, или сопляк, или... да их было множество, но все эти клички давались очень метко и обижали до глубины души.

Конечно же, мы все старались избежать этого публичного позора. Поэтому ценности, такие как: дружба, доброта, умение делиться тем, что у тебя есть – будь то белый хлеб с вареньем или велосипед – смелость, непредательство, умение постоять за друга – все эти качества неосознанно ценились детьми и, таким вот образом, из нас выковывались будущие люди, я так думаю, люди неслабого характера, научившиеся выживать. Меня, кстати, и сейчас, здесь в Англии, называют Survivor; я думаю, что этим прозвищем я обязана детству.

Игры наши были не электронные, не купленные в магазине, но интересные, азартные, силовые и, конечно, всегда в движении. Не помню ни одной игры, где мы сидели бы спокойно. Вечно бегали в казаки-разбойники по тёмным огромным чердакам, или, играя в «хранички»,

Kindergarten, 1953. I'm second from right

8

snotty, or.. well, we had plenty more, and all these nicknames were spot-on and stung one to the core.

Of course then we tried our best to avoid this public humiliation. We embraced such values as friendship, kindness, ability to share (be it a bike or gorgeous white bread with jam), bravery, loyalty, or ability to stand up for your friend. All these qualities were subconsciously appreciated by children and in this way future personalities were forged, people of staunch character who learned how to survive. By the way, even now my friends in England call me a 'survivor' and I think I owe this nickname to my childhood.

Our games were not electronic or bought in a shop, but they were interesting, exciting, forceful, and of course always on the move. I don't remember one game when we would sit quietly. We always ran around playing Cossack-robbers in the huge dark loft of our house or playing hide-and-seek in

Our gang from the house, 1953. I'm front row, third from left

I. ДЕТСТВО

прятались по страшным подвалам, где у людей хранилась картошка на зиму, или бегали до седьмого пота, играя в лапту и «штандер». Всех игр и не перечислить, их было множество, но в каждой игре должен был быть победитель, и это – главное. Я думаю, что в детях очень развит дух соревнования, и они всегда хотят выиграть.

Не ведая того, мы тренировали наше сознание и волю к победе. Нами руководил первобытный и могущественный инстинкт: в жизни выживает сильнейший, и именно победитель – хозяин жизни. Вот почему, я думаю, моё поколение является довольно сильным в моральном и психологическом аспекте. Здесь стоит мне упомянуть об

School class, 1955

одном уроке, который вынесла я из детства и который застрял гвоздём в моём сознаниии на всю жизнь. Это было и забавное, и поучительное приключение.

the scary cellar, where people stored their potatoes for the winter, or sweated our guts out playing tag, or softball and kickball games. It's really impossible to count all the games – there were lots of them – but what was important was to be a winner. I think children are very competitive creatures and they always want to win.

Unwittingly we trained our consciousness and will to win. We were guided by primeval and powerful instinct: it is the strongest who survives in this life and the one who takes charge. That's why I think my generation is mentally and psychologically a strong one. Here it is worth mentioning a

A church in the town

lesson which I carried from childhood and which stuck like a nail in my consciousness all my life. It was an adventure both funny and seminal.

2. Постижение библейской истины

Так вот, было мне лет шесть. В ту пору мы, бывало, часто ходили с мамой за грибами в дальний лес через речку. Мост от нас был очень далеко, и поэтому местные жители (в основном это были местные старички, у которых была своя собственная лодка) перевозили людей через реку. Плата за перевозку была смешная – 10 копеек (это 1/500 часть английского фунта).

Переправившись через реку, мы шли к лесу в обход колхозных полей. А на полях в том году росли огурцы! Надо сказать, что огурцы были моей самой любимой едой – маленькие, в пупырышках, хрустящие, с чудным ароматом, который превосходил для меня все остальные, даже и очень приятные, запахи на свете. Я была огуречным наркоманом. Я могла есть огурцы на завтрак, обед и ужин, и ничего больше мне не надо было.

Вечером, играя во дворе с ребятами, я рассказала им об этом огромном огуречном поле, которое меня так впечатлило, на котором росли, может, миллионы лакомых огурчиков. Тогда одна девочка и говорит:

– Я тоже люблю огурчики. Давай пойдём на это поле и наберём сколько хотим огурцов, давай наберём целый мешок.

Идея мне понравилась, и я живо представила себе целую гору хрустящего, зелёного лакомства. Итак, долго не раздумывая, было решено поехать завтра же утром. Раздобыли мы мешки, а мешки, надо сказать, были картофельные, из грубой рогожи, в которые по осени родители собирали картошку с огорода. Весил этот мешок с картошкой килограммов 15–20, но для нас, чем больше мешок, тем лучше – страсть к огурцам

I.   CHILDHOOD

2. Learning the Biblical truth

So, I was about six years old. At that time we often went with Mama to look for mushrooms in a distant forest across the river. The bridge was a long way away from us, and because of this the locals (mostly old men who had their own personal boats) ferried people across the river for a laughable fee – 10 *kopeks* (this was a 500th of an English pound).

After crossing the river, we walked to the forest past *kolkhoz* fields, and in the fields that year they were growing gherkins! It needs to be said that gherkins were my all-time favorite food – small, pimply, crunchy and with an astonishing aroma, which surpassed for me all other, even the most pleasant, smells in the world. I was a gherkin addict. I could eat gherkins for breakfast, lunch and dinner, and would need nothing more.

In the evening, when I was playing in the yard with the other children I told them about this huge gherkin field which impressed me so much, on which perhaps millions of delicious gherkins were growing. It was then that one girl said:

"I like gherkins too; let's go to this field and pick as many gherkins as we want. Let's pick a whole bag!"

I liked this idea and vividly imagined myself with a huge pile of crunchy, green delicacies. And so, not deliberating for long, it was decided that we would go the next morning. We got some bags, and the bags, it has to be said, were potato sacks, made from jute, which our parents used in the autumn to gather potatoes from the allotments. These bags weighed 15-20kg with potatoes, but for us the bigger the bag, the better – the desire for gherkins knew no limits.

не знала никаких преград. Родители были на работе, и мы, очень довольные успешным началом, отправились к реке. Переправились мы с дедушкой через реку, и дед нас ни о чём не спросил – куда, *мол*[1], мы отправляемся – такие маленькие, и с такими большими мешками. Где-то, как-то мы раздобыли даже и 20 копеек за перевоз, но сейчас уже не помню.

Набрали мы примерно по трети мешка, и уже поднять их было невозможно, так что пришлось их волоком тащить до речки; хорошо, что поле было рядом с рекой. Опять нас дед ни о чём не спросил, и мы благополучно доплыли до своего берега. По воскресным дням обычно бывало очень много желающих переправиться на другой берег, но день был будний, и мы были в лодке одни, так что никаких вопросов нам никто не задавал. Самое трудное во всём этом замысле оказалось тащить эти огурцы в мешке волоком до дома, а это примерно с километр. Но без приключений пришли, наконец, домой. Страшно устали и вспотели – это я помню.

Только в квартире, когда я закрыла за собой дверь, до меня как-то стала доходить некрасивая сторона этого замысла. Появился какой-то страх. К тому же я всё никак не могла придумать, а что же я скажу маме про эти огурцы. В тот момент я побоялась сказать об этом даже старшей сестре. Ну, ничего не придумав, я спрятала этот мешок за дверью в ванной комнате и почему-то почувствовала себя совершенно несчастной, несмотря на запрятанное сокровище. Я не могла себе найти места и вся дрожала от надвигающейся неизвестности. Я не съела ни одного огурца – почему-то напрочь пропал к ним аппетит.

Когда пришла мама с работы, мешок был вскоре обнаружен, и мне пришлось всё-всё рассказать. Мама не

---

1 мол – colloq. slang filler word

CHILDHOOD

Our parents were at work, and we, highly delighted with the successful start, set out for the river. We crossed the river with the old man, and he didn't ask us anything – like where were we heading – such little people and with such big bags. Somewhere, somehow we even got hold of 20 *kopeks* for the crossing but I don't now remember much.

We gathered about a third of a sack each and already lifting them was impossible, so we had to drag them all the way to the river – luckily the field was near the river. Again the old man didn't ask us anything and we sailed to our own side of the river without any trouble. On Sundays there were usually a lot of people wanting to cross to the other bank but, as it was a weekday, we had the boat to ourselves so nobody asked us any questions. The most difficult thing in this project turned out to be dragging these gherkins in bags all the way home, about a kilometer. But we finally reached home without any adventures. We were horribly tired and sweaty – this I do remember!

Only in the flat, when I had shut the door behind me, did the unattractive side of this idea start to occur to me. A sudden fear hit me. On top of this, I still couldn't think: "What on earth will I tell Mama about these gherkins?!" At that moment I was too scared to tell even my older sister about them. So, having no explanation ready, I hid the sack behind the bathroom door, and for some reason started to feel utterly miserable despite the concealed treasure. I didn't know where to put myself; I was shaking all over from the impending uncertainty. I didn't eat a single gherkin – I'd totally lost my appetite for them.

When my mother got home from work, the sack was quickly discovered and I had to tell everything. Mama didn't

кричала и не ругалась (она вообще никогда не повышала голоса, несмотря ни на какие наши проделки). Она просто сказала мне, что огурцы надо немедленно вернуть туда, где я их взяла. И ещё добавила, что в нашей семье воров никогда не было. Вот именно в тот момент мне стало невероятно стыдно: я оказалась самой плохой в нашей семье – маленькая, а уже такая невыносимо плохая. Я пустилась в рёв больше от стыда, чем от страха. В тот момент я не верила, что мама может меня всерьёз послать обратно на огуречное поле. Я описываю всё так подробно, потому что запомнила на всю жизнь каждое мгновение моего позора.

Ну, так вот мама, не обращая внимания на мой рёв, поставила мешок у двери и сказала, чтобы я не возвращалась домой, пока не верну огурцы на колхоз-ное поле.

От крайней степени испуга я даже перестала рыдать. Я живо представила весь путь туда и обратно, как мне опять нужно тащить эти огурцы (уже совсем не любимые) волоком до речки. Уже начинало смеркаться, и у меня не было двадцати копеек на переправу через речку. Все эти казавшиеся непреодолимыми трудности мгновенно возникли в моей несчастной голове и вызвали вторую волну отчаяния и новый поток слёз. То есть в моём сознании ситуация была такая: либо стоять перед лицом всех возможных ужасов повторного путешествия, либо потерять честь. В то время я ещё не осознавала, что такое «потерять честь». Однако всем своим детским сердцем я чувствовала, что мне надо смыть с себя позор, и не быть самой плохой девочкой в нашей семье. И, кроме того, ослушаться маму было просто невозможно.

Так что я взяла мешок и переступила порог дома... Помню, для меня это было, как в страшной сказке –

shout or argue (she never ever raised her voice despite our escapades). She simply said to me that the gherkins had to be returned immediately to where I had got them from, and added that in our family there had never been any thieves. It was at that moment that I became incredibly ashamed; I had ended up as the worst in our family – so small, but already so unbearably bad. I started bawling, more from shame than fear. At that moment I didn't believe that my mother could seriously send me to the gherkin field. I'm describing this with such clarity because I've remembered for my whole life every second of my shame.

And so my mother, paying no attention to my howling, put out the sack next to the door and said that I shouldn't return home until I had returned the gherkins to the *kolkhoz* field.

This caused such extreme fear that I even stopped crying. I vividly imagined every step of the journey there and back, how I must once again drag the gherkins (now no longer my favourite) to the river. It was already twilight and I didn't have 20 *kopek* to get across the river. All these seemingly insurmountable difficulties immediately occurred in my troubled mind and brought on a new despair and another bout of tears. In other words, in my imagination the situation was thus: either face all the horrors of a second trip or lose my honour. At that time I didn't know what it meant to "lose honour" but with all my child's heart I felt that I needed to wash away this shame and not be the worst girl in our family. And besides, to disobey my mother was simply impossible.

And so, I took the bag and crossed the threshold of the house… I remember for me it was like a scary fairytale – 'a

поход «в дремучий лес к бабе-яге с ожиданием всех ужасов». Но делать было нечего. Кое-как, из последних сил я доволокла этот тяжеленный мешок до речки. Уже совсем стемнело, но я разглядела, как дед вытаскивал лодку на берег и собирался привязать её к столбу. Он уже кончил работать. Однако другой возможности переправиться на противоположный берег – абсолютно никакой. Мне надо было во что бы то ни стало уговорить деда перевезти меня на другой берег. Реальных шансов у меня не было никаких – стемнело, я была одна, и невыгодно деду напрягаться из-за двадцати копеек, которых у меня, кстати, и не было. Но детский мозг, по-моему, не может анализировать ситуацию; он работает в основном на побуждении: «хочу» или «не хочу», и с трудом ориентируется в рамках дозволения: «можно» или «нельзя». И вот, не раздумывая ни секунды, я подскочила к деду и *навзрыд*[1] сбивчиво и горячо поведала ему свою беду. Добавила, конечно, мамино напутствие, чтобы я не возвращалась домой, пока не выложу огурцы обратно на колхозное поле. Дед выслушал меня.

Я вот сейчас думаю: то ли дед попался такой исключительно хороший, то ли это поколение обладало широкой и доброй душой – ведь чего они только ни навидались и ни натерпелись на своём веку.

Дед стал отвязывать лодку и сказал одно только слово:
– Садись.

Помню, что меня затопило чувство благодарности, но я её как-то не могла выразить, ещё не умела. Мы отчалили в темноту. Скрип вёсел действовал на меня успокаивающе. К тому же тихий, тёплый вечер, лёгкий плеск воды о борт лодки и сознание, что мне теперь удастся исправить свою позорную ошибку – всё это

1 навзрыд – to sob

venture to an enchanted forest to the wicked witch with full anticipation of all the horrors'. But there was nothing else to be done. Somehow using the last of my strength I dragged the burdensome sack to the river. It was already dark but I spotted the old man pulling out the boat onto the riverbank ready to tie it up to a post; he had already finished work. However, there was just no other way to get to the opposite bank. I had to, by any means, persuade the old man to ferry me to the other side. I had no realistic chance – it was dark, I was on my own and it was pointless for the old man to exert himself for 20 *kopek*, which incidentally I didn't have. But a child's mind cannot, I think, analyse the situation, it works in essence on desire: "I want" or "I don't want", and orientates with difficulty within the boundaries of what is allowed: "possible" or "not possible". And so, without deliberating for a second, I hopped up to the old man and between sobs related passionately my predicament. I added, of course, my mother's warning; that I shouldn't return home until I had replaced the gherkins in the *kolhoz* field. The old man heard me out.

I now think that either the old man happened to be exceptionally good, or that that generation was endowed with a broad and deep soul because of their hard lives, because of the dreadful things they must have seen and experienced in their time.

The old man started untying the boat and said only one word: "Sit."

I remember a feeling of gratitude flowed over me but I somehow couldn't express it, I didn't know how to yet. We cast off in the darkness. The creak of the oars had a calming effect on me. Coupled with the quiet, warm evening, the gentle splash of the water against the side of the boat and the knowledge that I could now correct my embarrassing

I.   ДЕТСТВО

привело меня в относительное равновесие, и мои судорожные всхлипывания прекратились.

Тогда заговорил дед:

– Ну что, успокоилась, дочка? – и продолжал:

– А брать чужое нехорошо, и правильно твоя мама потребовала вернуть огурцы. Ведь люди трудились – землю пахали, сажали рассаду, поливали, сорняки пололи, а вы – «не пахали, не махали», как говорится, пришли, да взяли. Воровать нельзя; вот поэтому я тебе сейчас помогаю, дочка, что знаю наперёд: «*уж*[1] чужого никогда не возьмёшь*».

Дед замолчал. Я запомнила невольно каждое его слово. Дед оказался прав – чужого не беру.

Всё-таки меня не оставляет мысль, что дед этот

1 уж – colloq., for extra effect

Kolomna, the town where I was born

mistake – all this led me to a sense of relative calm and my disguised sniffles died down.

Then, the old man began to speak.

"Hmm, well, have you calmed down, daughter?" He continued: "Taking others' things is not good, and it was right of your mother to demand that you return the gherkins. See, people worked hard; ploughing the soil, planting the seeds, watering them, pulling out the weeds, but you – *"Didn't plough, didn't sow"* as they say, you just came and took them. You can't steal, and this is why I'm now helping you, daughter, because I foresee you will never ever again take anybody's things."

The old man fell silent. I remembered, unwillingly, every single one of his words. The old man turned out to be right – I don't take other people's things.

Even so, the thought doesn't leave me that this old man

Kolomna

был какой-то особенный во всех отношениях, почти нереальный в своей отзывчивости...

Вот такой основательный урок я получила на предмет библейской истины «не укради», но также и о людях или о чуде, которые в критический момент твоего раскаяния являются тебе как ангелы-спасители.

3. Зима

Под голубыми небесами
Великолепными коврами
Блестя на солнце, снег лежит,
И только лес один чернеет,
И ель сквозь иней зеленеет,
И речка подо льдом блестит.

Александр Пушкин

В каждый сезон мы придумывали разные потехи, и всегда что-нибудь новенькое.   Помню, что зимой мы любили прыгать с крыш сараев прямо в сугроб. Прыгнешь и провалишься по самую шею в сугроб – чистый восторг! Зима в России снежная и морозная. Мороз 20 - 25 градусов – это средняя зимняя температура. Но никакие морозы не могли заставить нас сидеть дома. Мы ведь к нему привыкшие с детства, и поэтому лыжи и коньки были нашими любимыми развлечениями зимой.

Бывало, уходили в выходной на целый день в лес кататься с горок. Мороз бывал и под тридцать, но ты, разгорячённая, его и не чувствуешь. Главное было – одолеть горку, съехать вниз и не упасть, а потом найти другую недоступную и опять её победить. И так часов пять, шесть; щёки – цвета свёклы от мороза, весь лыжный

was somewhat exceptional in every sense, almost unreal in his sensitivity…

This was the fundamental lesson that I learnt on the subject of the biblical commandment: 'Thou shalt not steal', but also that at the critical moment of your repentance, miracles may happen or people may appear, like guardian angels, to put things right.

3. Winter

Under blue skies
Splendid carpets of snow
Lie sparkling in the sun
And only the forest appears dark,
And pines show green through the frost,
And the river shines beneath the ice.

Alexander Pushkin

Every season we thought up different amusements, and always something new. I remember the time in winter when we used to love jumping from the shed roof right into a thick fluffy snowdrift and disappearing in it right up to the neck – oh, the pure thrill! Winter in Russia is very snowy and frosty. The average winter temperature is minus 20 to 25 degrees Celsius but no amount of frost could keep us sitting at home. We were accustomed to this from childhood so cross-country skiing and skating were our favourite winter entertainments.

At weekends we used to go to the forest for the entire day to ski down the hills. The temperature could be -30 but once warmed up one didn't feel it. The main thing was to conquer the hill – get down without falling over – and then move on to another challenge and again overcome it. After five or six hours in the forest, cheeks were the colour of beetroot from

костюм в комочках обледенелого снега и застыл на тебе, как будто сделан из картона. Совершенно промёрзшие, уставшие, но возбуждённые своими маленькими приключениями, мы возвращались домой только тогда, когда солнце уже начинало садиться.

Дома – тарелка горячего борща, аппетит волчий, ноет всё тело от ушибов, но через час-другой – ты уже снова человек, и вечером можно пойти на каток с друзьями. Я любила беговые коньки: несёшься и чувствуешь, как ветерок с морозцем овевает щёки, чувствуешь скорость, до чего ж было приятно!

Иногда мы ходили через замёрзшую реку в лес, тоже на целый день. На реке в выходные обычно сидело много рыбаков в овчинных тулупах. Они ловили рыбу через дырки во льду. Вот уж было удивительно, как они не замерзали, ведь они сидели неподвижно часами – целый день! До сих пор не могу понять – и какое удовольствие!? Может, они сбегали от семейных проблем и, застыв телом и разумом, расслаблялись? Загадка!

Обычно мы обходили человек пять и спрашивали рыбку для кошек. У них всегда была мелочь, скрюченные от мороза маленькие рыбки валялись на снегу. Только кошки могли есть эту маленькую и очень костлявую рыбёшку. Так что мои кошки часто лакомились рыбкой; они тоже любили зиму.

Потом через заснеженные поля, такие белые, что глаза слепило от искрящегося снега, мы входили в лес. Замёрзший, застывший и прекрасный в снежном уборе. Тишина абсолютная. Только иногда ком снега обвалится с какой-нибудь ветки.

cold and your winter outfit was covered with little ice balls as though made of cardboard. We'd be frozen through and exhausted but still excited from our adventures and used to return home only when the sun started setting.

Back home I would wolf down a bowl of hot *borsch*[1]; the whole body screams in pain but in an hour or so you're already a new person and ready to go skating in the evening with friends. I loved skating: racing round feeling the bite of the frosty wind on my cheeks, feeling speed and joy.

Sometimes we would ski across the frozen river to the forest, also for the whole day. At weekends, as a rule, there were a lot of fishermen sitting in huge sheepskin coats on the river fishing through little holes in the ice. It was astonishing they didn't freeze since they sat motionless for hours – even the whole day! To this day I can't understand what kind of pleasure this gave them? Perhaps they were escaping from family problems and relaxing by freezing body and mind. A paradox!

Usually we'd go up to a few of them and ask for some fish for the cats. They always had a few, distorted with frost, lying on the snow. Only cats could eat these tiny fish which were full of bones. My cats often gorged on them so they too enjoyed winter.

Then, across snow-covered fields so dazzling white that your eyes would ache from the glare, we entered the forest; frozen, still and beautiful in winter decoration. The silence is absolute. Every so often a mass of snow fell from a branch.

1   beetroot soup

I. ДЕТСТВО

Это величавое, искрящееся спокойствие заставляло тебя остановиться в восторге и посмотреть вокруг. И казалось, ты начинала понимать что такое – истинная красота. Ты чувствовала гармонию природы и вдыхала её каждой клеточкой своего сознания. Глубокий покой наполнял тебя, и было ощущение, будто ты прикоснулась к чуду.

Часто в густой чаще леса можно было увидеть лося или белого пушистого зайца и множество разных следов. Мы всегда спорили и гадали, чьи следы – столько впечатлений! Несколько раз мы находили даже лосиные рога. Могу сказать, что зима была моим любимым временем года. Она ведь очень нарядная: всё белым-бело, пушистый, искрящийся на солнце снег. Все на улицах румяные от мороза. Красиво!

Февраль – последний месяц зимы в России, и в марте солнце уже серьёзно принималось за дело. Мы начинали с нетерпением ожидать апреля, и вот почему.

Ice fishing on the river, Mama in the middle, 1959

I.   CHILDHOOD

This majestic sparkling serenity made you pause in rapture and look around. It seemed that you started to understand and feel what real beauty is about. You felt the harmony of nature and breathed it in with every cell of your consciousness. A deep calm filled you and there was a sensation of touching something miraculous.

Often in the thick forest we'd see a moose or white fluffy hare and a lot of different footprints. We always argued and guessed at whose tracks they were – such a thrill! Several times we even found antlers. I can tell you that winter was my favourite time of the year. It's so well decorated: everywhere white snow glistens, fluffy, sparkling in the sun, and everyone in the street looks so rosy from the frost. Quite beautiful!

February is the last month of the winter in Russia and by March the sun is back in business. We started to wait impatiently for April and you'll see why.

Russian winter

4. Весна

В начале апреля двухметровой толщины лёд на реке начинал ломаться, взрываться и плыть вниз по течению. Это ледоход, и это было самое будоражащее весеннее событие. Ах, как мы всегда ждали этого дня, а вернее, этой ночи – почему-то лёд взрывался всегда ночью. Это был могучий сокрушающий гром и треск, как будто сто пушек вдруг разрывали тишину ночи. Этот гром будил каждого в городе, но нам, конечно же, не было страшно – мы знали: «лёд тронулся!» На следующий день мы бежали на реку. Это всегда было грандиозное зрелище, и, несмотря на то, что это происходило каждый год, мы всегда с восторгом как завороженные, сидели на берегу и смотрели на эту стихию.

В первый день льдины как бы торопились и нагромождались друг на друга, и расстояние между ними было небольшое. Тогда смельчаки, конечно, все они были мальчишки, прыгали на льдины и, перескакивая со льдины на льдину, пересекали реку. Река была 600 метров шириной, и мы едва могли их видеть, когда они достигали противоположного берега. Потом таким же путём они возвращались обратно. Мы, девочки, сидели и смотрели, затаив дыхание. Смелость, конечно, была отчаянная.

Я не знаю, что опаснее: бой быков или съёмка акул, или эта безумная перебежка по льдинам! Я уверена, что – последнее, и, что самое интересное, никогда родители не знали о сумасшедших героических подвигах своих детей. Если бы они узнали, то наверняка наказали бы их страшно. Но, мы, девочки, восторгались нашими героями. Может быть, именно поэтому они и хотели выглядеть храбрецами! Однако самая страшная перебежка по льдинам была на третий и четвертый день,

4. Spring

By the beginning of April the two-metre-thick ice on the river was starting to break up, burst and drift downstream. We call this *ledohod*[1] and it was the most exciting event of the spring. How we children all waited for this day, or rather night – for some reason the ice always broke at night. A mighty thunderous crashing and cracking, as if from a hundred cannons, ruptured the silence of the night. The roaring noise woke everyone in the town but for us of course it was nothing to be afraid of: we knew that the ice was breaking. The next day we'd run to the river. It was always a grandiose spectacle for us despite happening every year and we'd sit on the bank as though bewitched, watching in rapture this elemental phenomenon.

On the first day, the ice floes, as though in a hurry, were piling up on top of one another and the distance between them was small. Then the brave individuals, all of them boys of course, jumped onto an ice floe and leaping from one floe to another crossed the river. Since this was some 600 metres wide we could hardly see them when they reached the opposite bank. They then had to return the same way. We girls sat there holding our breath. The audacity was incredible.

I don't know what's more dangerous – bullfighting, film ing sharks close-up or this reckless running across the ice floes! I would think the last, but what is interesting is that our parents never knew about these crazy heroic exploits of their children. Had they found out, punishment would have been certain and fearsome. However, we girls were enraptured by the boys, which is perhaps why they did it, to show off! The most dangerous ice crossing however was on the third and fourth days, when the distance between

1   ice breaking up and moving

когда расстояние между льдинами было уже большое. Здесь возбуждение у всех было на пределе – это уже была действительно опасная игра со смертью. Но, что интересно, мы как-то не думали о смерти, мы думали: «перебежит или не перебежит». Дети! Дети не думают о смерти.

Но у нас были и невинные весенние забавы. Весна приходит в России обвально. Зима отступает стремительно, и все сугробы в метр высоты, а то и выше, под жарким солнцем тают прямо на глазах, образуя стремительные ручьи на всех дорогах. Вот тогда мы делали кораблики из щепок или маленьких досок и пускали их в плавание, бежали за ними *вослед*[1]. Невинное занятие, но после зимы и морозов, после того, как ты меняла толстое, тяжёлое, зимнее пальто на вате на лёгкое и весеннее, возникало ощущение лёгкости, перемен, пробуждения в природе. Жаркое уже солнце и синее, синее небо наполняло всё твоё существо каким-то необъяснимым ликованием и ожиданием радости.

Приходили надежды неясные, но приятные. Так что, весёлые запуски корабликов были обязательной и символической частью празднования прихода весны.

5. Пионерский лагерь

Конечно же, отличное настроение весной было, может, ещё и потому, что скоро лето! Каникулы! Кто ж не любит каникулы?! Летние каникулы – это особенная жизнь целых три месяца. В России летние каникулы длятся с первого июня и по тридцать первое августа. Гуляй и веселись! Можно было поехать к бабушке в деревню, или на дачу, или в пионерский лагерь.

1 вослед – behind, follow

floes was already big. Excitement was feverish and it really was dicing with death, but interestingly we somehow didn't think about death, we just thought 'will he make it or not?' Children! Who thinks about death at that age?!

As well as this, however, we also had quite innocent spring fun. Spring in Russia comes in one fell swoop. Winter retreats rapidly and all the metre-or-more high snowdrifts melt in the hot sun right before your eyes causing fast streams to appear on all the roads. We'd make little boats from woodchips or boards, put them in the streams and race after them. An innocent occupation but after winter and frosts, after changing your thick, heavy winter coat for the light cotton spring one, the feeling of ease, the changes and awakening of nature would come over you. The hot spring sun and blue blue sky all filled your being with delight and the expectation of joy.

Hopes would come – vague but pleasant. Thus, the merry launching of our boats was an obligatory and symbolic part of celebrating the arrival of spring.

5. Pioneer Camp

Of course a terrific mood in spring was also perhaps because it would soon be summer! Holidays! who doesn't like them?! Summer holidays are a special time lasting three whole months. In Russia the summer holidays last from June 1st to August 31st. Get out there and have fun! One could either go to grandmother in the village or to the *dacha¹*, or to Pioneer Camp.

---

1   small house or cabin in the country

I.   ДЕТСТВО

Я проводила все летние каникулы в пионерском лагере – все три месяца и каждый год. Мне очень нравился
пионерский лагерь, и я никогда не скучала по дому,
наверное, я была крайне социальным ребёнком. Я легко
заводила друзей, возможно, подсознательно сказывался
опыт общения с моими дворовыми приятелями.

В пионерский лагерь нас отправляли торжественно.
Мы все собирались в городском парке, и нас распреде-
ляли по возрастным отрядам. Обычно было 15 - 20
отрядов, и в каждом было по 30 детей. Нас знакомили с
нашей пионервожатой и строили в колонны по отрядам.
Потом духовой оркестр начинал играть марш, и мы все
под музыку по главной улице шествовали к реке. Мы
были с рюкзаками и в пионерской форме (белая рубашка
и тёмно-синие брюки/юбка); кроме того, обязательно
должна была быть панама и, конечно же, пионерский
галстук. Так что мы были «при полном параде», как
говорится. Родители были оттеснены на тротуары и
беспорядочной толпой следовали за нами.

На реке ждали два, а иногда и три больших парохода,
которые и доставляли нас в лагерь. Мы плыли вверх
по течению реки два часа к лесистому склону, где
располагались несколько лагерей. Некоторые дети
плакали, переживая расставание с родителями, но к
концу путешествия слёзы, как правило, у всех высыха-
ли, потому что путешествие было довольно весёлым:
оркестр продолжал играть, и мы пели бодрящие
пионерские песни, которых мы знали множество.

Чем же мне так нравился лагерь? А всем. Здесь
было всё, чтобы чувствовать себя счастливым. Я не
преувеличиваю, но, естественно, это моё субъективное
ощущение. Пионерский лагерь в моих воспоминаниях
связан с жарким летом, дальними походами за гри-

I.   CHILDHOOD

I used to spend all my summer holidays in the pioneer camps – all 3 months of every year. I enjoyed it enormously and was never homesick, probably I was an extremely sociable child. I certainly made friends easily – and I think this was shown by my subconscious experience relating to my friends around the yard.

They dispatched us to pioneer camp in a dignified way. We all gathered in the town park and were divided into groups by age. Usually there were 15-20 groups each of 30 children. We were introduced to our leader and organized in ranks. Then a brass band started to play a march and we all marched to the music, along the main street to the river. We had rucksacs and pioneer uniforms (white top, dark navy trousers / skirt); apart from this we had to have white hats and of course the pioneer scarf, so we were 'ready for parade', as they say. Parents were pushed onto the pavement and a motley crowd followed us.

On the river there were two, sometimes three big riverboats waiting to take us to the camp. We sailed up the river for two hours to a forested hill where there were several camps. Some children were in tears from homesickness but by the end of the journey as a rule tears had dried up because the journey was quite jolly; the brass band continued to play and we sang cheerful Pioneer songs of which we knew lots.

Why did I like camp so much? For all sorts of reasons. Here was everything needed to feel happy. I don't exaggerate but naturally this is my subjective impression. In my recollection, pioneer camp was associated with hot summer, distant walks

бами и ягодами, купанием в речке до посинения и незабываемым ночным костром перед отъездом. Мне нравился даже строгий распорядок дня; мы всегда знали, что мы делали и что будем делать, и эта деловитая размеренность приносила хорошие результаты. Грибы, которые мы собирали в лесу, превращались потом во вкусный суп на столе, а занятия в разных кружках после обеда выдвигали молодые таланты. Время в лагере пролетало быстро и интересно.

В конце каждой смены устраивались выставки лучших работ ребят. Так, например, мы могли послушать радио, смонтированное ребятами в лагере, или посмотреть запуск настоящего планера, или увидеть смастерённый стул, красивые вышивки и рисунки. Это был день наших достижений, демонстрация наших успехов. Кроме того, вечером был концерт, где мы выступали с новыми разученными танцами, с новыми песнями и стихами, ставили маленькие пьесы в костюмах. В заключение, особо отличившиеся пионеры награждались грамотами и подарками. Да, это был замечательный день, наполненный возбуждением и ожиданием наград и подарков.

Следующий день был последний, и мы готовились к ночному костру. С самого утра мы были заняты: собирали дрова для костра и делали себе костюмы. В эту ночь никто не спал. Костёр был огромный, ночь тёплая и тихая, и мы приходили в какой-то дикий, необузданный восторг в присутствии этой стихии огня. Рассказывались страшные истории, мы дурачились, плясали, пели. Нам ничто не запрещалось в эту ночь, она была волшебная. Наши пионервожатые куда-то исчезали, может, целовались где-нибудь в кустах (они все были очень молодые – от 18 до 22 лет от силы).

I.   CHILDHOOD

after mushrooms and berries, swimming in the river till we turned blue, and an unforgettable evening bonfire before leaving. I even liked the strict daily routine; we always knew what we were doing and what we were going to do, and this efficient, measured life used to bring good results. Mushrooms picked in the woods were converted to a tasty soup for the table, and passing time in different clubs after lunch encouraged young talents. The time at camp flew by quickly and was always interesting.

At the end of each 4-week session in the camp there was an exhibition of the best work by the children. We could for example listen to a radio assembled by camp children, or watch a glider fly, or admire a handcrafted chair or beautiful embroideries and pictures. It was a day for our achievements, a demonstration of our successes. Besides this, in the evening there would be a concert where we performed with newly learned songs, dances, verses and plays in costume. Finally the most talented children and the best works were awarded presents and certificates of merit. Yes, it was a splendid day, full of the excitement and anticipation of presents and prizes.

The next day was the last and we got ready for the evening bonfire. From morning we'd be busy, gathering firewood in the forest and making our costumes. Nobody slept that night. The bonfire was huge, the night warm and silent, and we entered a wild unbridled rapture in the presence of the element of fire. We told dreadful stories, played the fool, danced, sang. Nothing was forbidden that night – it was magic! Our Pioneer leaders disappeared, perhaps to kiss in the bushes. They were all very young – aged 18 to 22 at the most.

I.   ДЕТСТВО

Да, через всю жизнь я пронесла ощущение этого ночного волшебства рядом с бушующей, пожирающей темноту стихией – притягательность опасности, связь с чарующей природой. Как жаль, что пионерские лагеря уже история, и это не повторится никогда! Уникальное явление советской жизни в Советском Союзе, канувшем в лету.

Но, может быть, когда-нибудь, в какой-нибудь стране этот опыт организованного отдыха для детей найдёт энтузиастов, и пионерские лагеря появятся вновь? Честно говоря, очень на это надеюсь, потому, что было изумительно хорошо, и до сих пор это ценная часть моей памяти и моей жизни.

Правда, нужно оговориться – американцы начали организовывать летние лагеря, да и в Англии есть недельные или двухнедельные скаутские лагеря, но они очень дорогие и ни в каком аспекте не могут сравниться с советскими пионерскими.

6. Вступление в пионеры

Взвейтесь кострами, синие ночи,
Мы, пионеры, дети рабочих!
Близится эра светлых годов,
Клич пионера – Всегда будь готов!
Первая советская песня юных пионеров на слова поэта
Александра Жарова, 1922

В пионерские лагеря могли поехать только пионеры. Пионером назывался член коммунистической детской организации. Большинство учеников вступали в пионеры, и мы готовились к этому дню очень серьёзно. Мы старались учиться и вести себя хорошо в школе. Нас принимали в пионеры в возрасте восьми-девяти лет.

My whole life I have carried the feeling of this magic night: the raging element of fire devouring the darkness, the attraction of danger, the connection with enchanting nature. What a pity that Pioneer Camp is now only history and will never be repeated! It was a unique phenomenon of life in the former Soviet Union, now disappeared into the history book.

But maybe sometime in some country this experience of well-organized holidays for children will find enthusiasts and pioneer camps will appear again? To be honest I really hope so, because it was awesome and I treasure the memories to this day.

I should mention that the Americans started Summer Camps and there are one- or two-week scout camps in the UK but they are expensive and not really comparable to Soviet pioneer camps.

6. Joining the Pioneers

> Bonfires pierce the dark blue nights
> We are the pioneers, children of the workers.
> Now comes the era of happier years,
> The Pioneers' call is 'Be always prepared'!
> First Soviet song for Young Pioneers; words by
> Alexander Zharov 1922

Only Pioneers could go to pioneer camp. A Pioneer was a member of the Communist children's organization. Most pupils joined the Pioneer Organization and we had a big and serious preparation for this day. We tried our best at school to get good marks and behave ourselves. We joined Pioneers at the age of 8 or 9.

I. ДЕТСТВО

День приёма в пионеры был торжественный день. Нас всех собирали в большом школьном зале. Каждого из нас вызывали на трибуну. Перед учениками всей школы будущий пионер давал торжественную клятву пионера в том, что он будет хорошо учиться, помогать товарищам в учёбе, хорошо себя вести, будет активным членом организации и достойным звания юного Ленинца.

Каждый из нас очень волновался перед этим днём потому что если тебя не принимали в пионеры по причине плохого поведения или плохой успеваемости, то это было позором до конца твоей жизни и большим пятном в твоей биографии.

После клятвы нам повязывали алый пионерский галстук, давали значок пионера, и директор школы и старшая пионервожатая поздравляли со вступлением в ряды пионеров. Играл гимн Советского Союза. Я помню – это был торжественный, волнующий момент; мы очень гордились званием юного Ленинца, и от всех переживаний и патриотического гимна у меня стоял ком в горле.

С этого дня ты не должен был забывать о клятве, которую дал, и твоя активная деятельность пионера включала такие мероприятия, как сбор макулатуры, металлолома, помощь колхозам по прополке и уборке урожая, и помощь престарелым и больным. Звание пионера приносило с собой чувство ответственности, и, несмотря на наш юный возраст, мы уже сознавали себя причастными к общему делу построения коммунизма в СССР.

Я думаю, что это была большая заслуга школы в пробуждении в нас чувства социальной ответственности и становлении морали.

I.   CHILDHOOD

The day was a special one, we were assembled in the big school hall. Everybody, one by one, was called up to the stage and asked to give the pioneer's solemn oath in front of the whole school. We promised to be diligent pupils, to help our comrades in studying, to be well behaved, to be active members of the organization, and to be worthy of the title of Young Leninist.

Everyone was quite anxious before the day because if one was not accepted as a Pioneer, because of bad behaviour or bad grades, it was a disgrace for the rest of one's life and a stain on one's record.

After the oath, we put on the triangular scarlet red scarfe and were given a Pioneer's badge, and the head teacher and a head of the Pioneer Organization congratulated us on joining the ranks of the Pioneers. The anthem of the USSR would be played. I remember we were proud to be called young Leninists and from all the excitement and patriotic hymns I felt a lump in my throat – it was quite a solemn emotional moment.

After this one was not supposed to forget the oath, and one's new life as a Pioneer included such responsibilities as collecting paper and scrap metal for recycling, working on the collective farms giving a hand weeding and during harvest, and helping the sick and elderly. The title of Pioneer brought with it a sense of responsibility and despite our youth we already felt aware that we were participating in the common cause of building communism in the USSR.

This I think was the big merit of school in awakening in us the sense of a social responsibility and building a foundation of morals.

I.   ДЕТСТВО

Да, кстати, пионерам запрещалось ходить в церковь, так как построение коммунизма и религия были несовместимыми идеями. До сих пор не разобралась – почему? Для меня это было большим разочарованием; я любила ходить в церковь с мамой; мне нравилось слушать пение на хорах – голоса были такие лёгкие и прозрачные, как у ангелов. Кроме того, в углу там всегда сидел добрый дедушка и давал детям разные сладости и рис с изюмом – очень было вкусно. Но нельзя так нельзя!

Пионеры должны были быть верны данной клятве, и я примирилась с этим. Только двадцать лет спустя я снова переступила порог храма. Желание открыть для себя Бога – таинственного, могущественного и любящего – победило все запреты.

Очевидно, что существовавший режим (социализм) воспринимал коммунизм как государственную религию с Лениным в мавзолее наполовину ставшим «Богом». Но я всё-таки думаю, что они могли бы толерантно отнестись к религии как к носителю морали.

ВОПРОСЫ

1. Как проводили дети время после школы?
2. Как поступила мама, когда обнаружила огурцы?
3. Опишите ледоход. Какая опасность подстерегала детей, когда они пересекали реку по льдинам?
4. Чем занимались дети в пионерских лагерях?

Incidentally pioneers were forbidden to go to church since communism and religion were incompatible ideas. To this day I really don't know why. It was a big disappointment for me because I liked to go to church with Mama. I enjoyed listening to the church choir – the voices were light and ethereal as though of angels and, apart from anything else, there was always a nice *dedushka*[1] sitting in the corner giving the children a variety of sweets and rice with raisins; it was all very tasty. But "No" was "No"!

Pioneers were supposed to be obedient to this oath and I had to accept it. Only twenty years later did I enter the church again. The desire to discover God for oneself – mysterious, mighty and loving – overcame all prohibitions.

True the regime adopted communism as the state religion, with Lenin in his mausoleum halfway to becoming a God, but I just felt they could have tolerated religion for its morality.

QUESTIONS

1. What was life like in the post-war period?
2. How did children spend their time after school?
3. Describe the pioneer camps. Who could go to pioneer camp?
4. What were the duties of a pioneer?

---

1   grandfather, or any old man

II. ШКОЛА

«Учиться, учиться и учиться».
Владимир Ленин

Школу я любила, да и не только я, по-моему, большинство ребят моего поколения. Я думаю, что у меня было несколько причин для этого. Прежде всего у нас были интересные учителя, которые умели увлечь детей, во-вторых, мне нравилось узнавать новое, что будило твою фантазию и помогало мечтать и строить планы на будущее и, может быть, самое важное – это я помнила слова моей мамы: «Учись в школе хорошо, если хочешь жить лучше».

И, в самом деле, я хотела бы иметь больше денег, чем у нас было, и не чувствовать себя голодной всё время. Как видите, у меня было достаточно причин, чтобы учиться хорошо.

После продолжительного лета мы все хотели поскорее встретиться вновь, обменяться историями, рассказами, посмотреть фотографии друг друга, посмотреть, как мы изменились за лето. У меня была любимая школьная подруга Наташа, и мы всегда сидели вместе за одной партой. Мы просидели вместе одиннадцать лет! Срок, достойный «монумента». Ни разу не поссорились.

Обе мы были «круглые отличницы», это значит, учились *на одни пятёрки[1]*. Но, я внутренне чувствовала, что подружка моя способнее меня, и я просиживала долгие часы за домашними уроками, чтобы «блеснуть» на математике или, особенно, на уроке физики.

1 на одни пятёрки denotes the top grade in Russian schools

II. SCHOOL

"Study, study and study."

Vladimir Lenin

I loved school, and not only me; so in my opinion did most children of my generation. There were I think several reasons for this for me personally. First of all, we had interesting and encouraging teachers who knew how to stimulate children, secondly I liked learning about new things which awaken your imagination and build your dreams about the future and – perhaps most important – I always remembered my mother's words: "Be good at school if you want to live better."

Indeed, I wanted to have a bit more money than we had and not be hungry all the time so for me there were enough reasons to study hard.

After the prolonged summer holidays we all wanted to meet again soon and exchange experiences, stories, look at photographs of each other and see how we had changed over the summer. I had a favourite school friend, Natasha, and we always sat at the same desk. We wore out the seat together over 11 years! – a period deserving a monument – and never fell out.

We were both excellent all round, meaning we had the top mark of grade 5. However deep down I felt that she was brainier than me and I spent long night hours on homework so as to shine in mathematics class or, especially, at physics.

1. Учитель физики

Надо сказать, что нам невероятно повезло с учителем физики. Это был одарённый преподаватель. Он умел нас поставить на «мысочки», и каждый, даже слабые ученики, хотели бы ответить на его необычный, некнижный вопрос; они, конечно, не могли, но хотели, и это – главное. Его уроки были очень увлекательные, и 45 минут урока чувствовались как 20 минут. Генрих Семёнович задавал вопросы и задачи на сообразительность, которые проверяли не только способность мыслить логически, но также находить необычные, неожиданные решения. Можно было чувствовать физически, как «мозг в твоей голове шевелится от напряжения». Ответить на его вопросы можно было только, если ты действительно глубоко интересовался предметом. Но, какое же это было наслаждение, когда ты находила правильный ответ на задачу или поставленный вопрос. Да, это было чистейшее из наслаждений – маленькая победа маленького интеллекта, но, всё-таки, голова кружилась от гордости и сознания, что *Генрих* остался доволен.

У него не было клички, как у других учителей, мы его звали просто уважительно *Генрих*. Сейчас я думаю, может, он преподавал физику для тех, кто по-настоящему интересовался ей и разжигал в этой группе учеников огонь фанатизма? Я помню себя, как ломала голову над задачами ночными часами, но так непреодолимо хотелось быть успешной в глазах *Генриха*. Что это? Была ли это любовь к предмету или к личности *Генриха*? До сих пор не знаю, но мы его обожали.

Генрих Семёнович учил нас думать и мыслить, не веруя слепо в устоявшиеся мнения, не быть блеющей овцой, но всегда выбирать свою точку зрения. Он лепил из нас людей: обстругивал, гнул, придавал форму. Я ему

II.   SCHOOL

1. The physics teacher

I must say that we were extremely lucky with our physics teacher who was highly talented. He kept us on our toes and even the weaker pupils wanted to answer his unusual non-textbook questions; they couldn't of course but they wanted to and this was the important thing. His lessons were most interesting and challenging and 45 minutes of lesson felt like 20 at the most. Hinrich Semyonovic asked questions, which tested our ability not only to think logically but also to find an unusual rather than a conventional solution to the task. One just physically felt as if the brain was moving in one's head from hard work. So one could answer his questions only if one really was deeply interested in the subject. And what satisfaction you felt when you could find the correct answer for the question or task. Yes it was the purest delight – a tiny victory of a tiny intellect – but nevertheless the head spun with pride from knowing that Hinrich was pleased.

He didn't have a nickname like the other teachers; we called him simply, with respect, Hinrich. I tend to think now that he taught physics only for those who were genuinely interested in his subject and kindled in us the fire of obsession with physics. I remember myself scratching my head over the tasks during the night, so desirable was it to be successful in his eyes. What was it, indeed?! Was it love of the subject or the personality of Hinrich? To this day I don't know but we adored him.

Hinrich Semyonovic taught us to think and to consider, not believing blindly in fixed opinions and following like bleating sheep but always choosing your own point of view. He was modeling pupils: planing, bending and shaping us. I

невероятно благодарна, и выбором своей профессии (я стала физиком) обязана именно ему.

Даже после школы, когда все мы уже были либо в университете или институте, либо работали, мы приглашали *Генриха* на наши ежегодные летние встречи. Бывшие школьники, мы собирались в лесу, в одном и том же месте, в одно и то же время, в июне. В конце июня у нас был последний день в школе, последний звонок и затем прощальный выпускной бал. Большинство из нас гуляли всю ночь, и рассвет мы встречали в лесу на маленькой речке.

То было время прощания со школой; мы были, конечно же, возбуждены – двери в будущее распахнуты. Какими людьми мы станем? Что нам уготовила жизнь?! Но, также, нам было невероятно грустно расставаться – мы провели семь лет вместе в средней школе. Мы стали почти как одна семья, а теперь мы должны разлетаться в разных направлениях! Но, мы просто не могли, мы не хотели это делать!

И, вот тогда, мы решили не прощаться навсегда, но

Hinrich
Semyonovic

am unbelievably grateful to him and am indebted to him for my choice of profession (I became a physicist).

Even after leaving school, when we were either at university or at the institute, or working, we always invited Hinrich for our annual summer reunion. Former pupils, we gathered together in the forest at the same place and at the same time, in June. At the end of June there was our last day, last school bell and then our farewell ball. Most of us were on the go all night and watched the dawn in the forest on the bank of a small river.

It was time to say farewell to school. We were very emotional, of course – doors to the future flung open. What kind of people would we become? What lay ahead? And as well it was terribly sad to part after seven years together in secondary school. We became like one family, and now we all had to fly in different directions but we couldn't; we didn't want to do that!

So, that's when we decided not to bid each other farewell

School reunion in the woods, Hinrich in the middle

встречаться здесь, в этом самом месте – приходить, прилетать, приползать пока живы! Это была любовь! Может, это любовь к своим корням? Большинство из нашего класса верны этой традиции и по сей день, и мы встречаемся вот уже сорок с лишним лет!

Собираемся из разных городов России и, даже, из разных стран. Это «святое дело» – встреча с юностью! Мы проводим вместе три потрясающих, незабываемых дня. Спим в палатках, готовим еду на костре, пьём, поём – всё, как в сумасшедшей и дорогой юности.

Господи, сколько же воспоминаний, рассказов, смеха, глупостей, футбола, опять же купания в реке до посинения, чтобы отрезвиться после невероятного количества выпитого. Мы словно «шалеем» в эти три дня, мы снова становимся теми детьми, и мы друг друга любим и всё себе прощаем. Кто-то может подумать: «как всё это странно?» Но, однако, это факт.

Может быть – это ностальгия по детству, по юности – по всему тому, что уже никогда невозможно вернуть?! Но мы, дураки или умники, возвращаем своё детство и юность на эти три дня, и нам это очень нравится!

Все эти три дня ликования по поводу ушедшего, но остановленного на мгновение детства, *Генрих* – с нами, властитель наших душ, наш наставник. Он стал досягаем физически, я имею в виду, с ним можно было теперь поговорить как с «простым смертным», но у меня навсегда осталось чувство недосягаемости, чувство преклонения перед его интеллектом, глубокого уважения его, как личности.

but to meet every year at this very place: to come, to fly, to crawl while we are alive. It was love! Maybe it was love of one's roots! Most of us are true to this tradition even now and have been meeting already for more than 40 years!

We gather together from different towns of Russia and even from different countries. It's a sacred act – meeting your youth! We spend three fantastic, unforgettable days together. We sleep in tents; cook on the open fire, drink and sing – everything like in crazy and precious youth.

My God, how many reminiscences, stories, laughs, stupidities, football, again swimming in the river until one turned blue so as to sober up after an unbelievable quantity of drink. In a word we go crazy for these three days, we revert to childhood, we love each other and forgive each other for everything. One might think it's strange, but it's a fact!

Perhaps it's nostalgia for your childhood, your youth your *everything* one never gets back? But we, dunces or swats, have it for entire three days every year and enjoy ourselves enormously!

For all these three days rejoicing in a childhood departed yet stopped at an instant, Hinrich – our teacher and mentor – is with us. He became approachable and one could talk to him as an ordinary person, but I was left forever with a feeling that he was beyond my reach, with a feeling of admiration for his intellect, deep respect for his personality.

2. Неприятности в школе

Но, конечно, не обошлось и без приключений в моей школьной жизни. Я вспоминаю весну, ледоход. Было нам лет двенадцать или тринадцать. День был яркий, солнечный и шёл ледоход!

Усидеть в школе на уроках было невозможно, стихия ледохода тянула на «подвиги», и вот, я подговорила весь класс сбежать с уроков и пойти на речку попрыгать на льдинах. Я увлекла всех, и мы дружно сбежали с урока истории (мы, кстати ужасно не любили нашу историчку).

Мы провели на речке не один урок – время ведь летело так быстро, и когда вернулись в класс, оказалось, что мы пропустили ещё и химию, и биологию. Это был страшный скандал.

Директор школы созвал нас всех и потребовал найти зачинщика этой идеи. Сначала мы все молчали, но потом директор сказал, что отметки по поведению будут снижены всем без исключения, и сниженные отметки войдут в аттестат зрелости. Это было очень серьёзное наказание, и аттестат мог быть испорчен, что имело большое значение при поступлении в ВУЗ[1].

Тогда, ох, я до сих пор помню этот момент – ноги ватные, сердце бьётся как у загнанного зайца и лицо красное от стыда и страха. Тогда я встала и сказала, что это была моя затея, и, что это только я одна организовала всех убежать на речку и пропустить урок истории.

Это был, как гром с ясного неба. Директор даже не мог поверить, потому что я всегда была примерной ученицей, отличницей и тихоней. Директор вызвал в школу мою маму, и это был самый горестный день в моей

1 ВУЗ – высшее учебное заведение – higher education institutions

2. A slip-up at school

Of course school life didn't pass without adventures. I remember one spring *ledohod* when we were twelve or thirteen. The day was bright and sunny and there were ice floes!

To remain at school in class was impossible while the element of floating ice tugged at you for exploits, so I incited the whole class to run out of the lesson down to the creek to jump on the ice floes. I persuaded the entire group and we all skipped history together (by the way we weren't terribly keen on our history teacher).

At the river we spent not just one lesson – time flew so fast that on returning to class it turned out we'd missed chemistry and biology as well. This was a terrible scandal.

The head teacher called us all in and demanded to know the instigator of this idea. At first we all kept quiet but the head then said that marks for behaviour would be lowered for everyone without exception, and the decreased marks would be entered on the secondary school graduation certificate. This was serious punishment indeed, and the certificate could be downgraded which had great significance for entry to higher education institutions.

Then, I remember the moment still – legs turned to jelly, heart thumping like a hunted hare and face red from shame and fear – I got up and said this was my undertaking and that I alone organized everyone to run off to the river and skip the history lesson.

It was a bolt from the blue. The headmaster couldn't even believe it as I was always an exemplary student, clever and quiet. He called my mother into school and it was the most

жизни. В кабинете директора были ещё наша классная руководительница, заведующая учебной частью, старшая пионервожатая, мама и я. Когда директор рассказал, что случилось, наступила гробовая тишина.

Мама ничего не говорила, и вдруг я увидела, как по её лицу катятся слёзы. Ах, лучше бы она ругалась и выговаривала бы мне за это! Но слёзы подействовали сильнее всякой ругани или упрёков. Я знала, какую тяжёлую жизнь имела моя мама. Она поднимала нас с сестрой одна, работала по четырнадцать часов в день, не имела даже выходных. Она была измотана, и кто бы ни был на ее месте! А я ей подложила такую свинью! Я хотела провалиться сквозь землю. Мне было невероятно стыдно.

Вот тогда, я поклялась себе: «никогда, никогда в жизни не обижать маму». Я думаю, что я сдержала своё обещание. Я любила и уважала маму. Люблю и сейчас память о ней, советуюсь с ней, когда мне тяжело, несмотря на то, что она ушла в мир лучший в 1996 году.

По-моему, тогда пришло ко мне чувство ответственности за свои поступки.

ВОПРОСЫ
1. Почему дети так любили учителя физики?
2. Опишите происшествие в школе. Почему, вы думаете, это произошло?

pitiful day of my life. In the head's office were our class leader, the staff manager, the senior Young Pioneer leader, Mama and me. When the head related what had happened there was a sepulchral silence.

Mama said nothing but suddenly I saw tears running down her face. Ah, better to have been scolded and told off than this! But tears were more effective than any abuse or reproaches. I knew what a hard life my mother had. She was raising me and my sister on her own, working fourteen hours a day without even weekends off. She was exhausted I think and who would not have been in her place? And now I had played this dirty trick on her! I wanted the earth to swallow me up. This was unbelievably shameful of me.

I vowed there and then that never, ever, in my life would I offend Mama and I think I kept my promise as I loved and respected her. I love and remember her, and talk to her still when things are hard despite the fact that she departed this life in 1996.

I think it was then that I gained a sense of responsibility for my behaviour.

QUESTIONS

1. Describe the author's Physics teacher? How did he differ from the other teachers?
2. How does the author celebrate her school days after she had left school?

III. ВЫСШЕЕ ОБРАЗОВАНИЕ В СССР

«Сегодня – да здравствует Советский Союз!
За вас каждым мускулом
Держусь и горжусь».

Марина Цветаева

В школе мы учились одиннадцать лет, и большинство из нас поступили в университет или в институты.

Отношение к образованию в России самое, я бы сказала, серьёзное. «Учиться, учиться и учиться» – с этим лозунгом Ленина мы вступали на порог школы и с этой же идеей в голове мы заканчивали её. Советские учителя каким-то образом пробивались к нашему сознанию, и, постепенно, в течение одиннадцати лет внушали нам, что только через образование мы можем расширить свой горизонт, своё понимание жизни, получить интересную профессию и общаться с интересными людьми, то есть, сделать свою жизнь интересной.

Конечно же, мы все хотели интересной жизни, и поэтому примерно 70-80 процентов выпускников готовились к вступительным экзаменам сразу после школы.

В то время, как я помню, было «перепроизводство» молодых людей с высшим образованием, не хватало рабочих на заводах и фабриках, но Россия – огромная страна, так что никто не оставался без работы. Помогала этому государственная система распределения выпускников высших учебных заведений (ВУЗов). Молодые специалисты направлялись в разные города России, туда, где была необходимость в их профессии, и они должны были отработать в этом городе три года. Потом, это уже было их личным выбором – остаться ли на этом месте, или выбрать другую работу и переехать в другой город.

III. HIGHER EDUCATION IN THE USSR

"Today, I salute the Soviet Union!
With every muscle I embrace you
   and am proud of you."

                                    Marina Tsvetaeva

We studied for eleven years at school and the majority of us entered university or the institutes.

The attitude to education in Russia was, I would say, very serious. "To study, to study and to study" was Lenin's slogan with which we started school and with the same ideas in our heads we finished it. Soviet teachers in some way penetrated our consciousness and gradually over eleven years suggested that only through education could we broaden our horizon, our understanding of life, get an interesting profession and associate with interesting people; that is, to make one's life interesting.

Of course we all wanted an interesting life and therefore 70-80% of leavers were prepared for the entrance examinations immediately after school.

As I remember, there was an 'overproduction' of young people with higher education at that time, there were not enough workers at the plants and the factories but Russia is an enormous country so that no-one remained without work. The state system helped with the distribution of graduates of higher educational institutions. Young specialists were assigned to different cities in Russia where there was a need for their profession, and they had to work in this city for three years. By then, it was their personal choice to remain at that place or to choose other work and move to another

Но, всегда, конечно же, можно было вернуться в свой родной город.

Таким вот образом, решалась проблема безработицы в Советском Союзе – не было у нас безработицы! У всех молодых специалистов была работа по их специальности, что я считаю очень большим достижением Советской системы. И, кроме того, молодому специалисту обязательно предоставлялось жильё. Так что, гарантированы были не только работа по специальности, но и квартира!

Что же ещё можно желать молодому человеку в 25 лет?! Это колоссальная социальная защищённость, это покой ума и души. Работай, твори, заводи семью! Все дороги и возможности открыты. В какой стране сейчас можно надеяться на это выпускнику университета? Да, ни в какой!

Как видите и сами можете заключить, что идея построить справедливое и благополучное общество «коммунизм» нашла, всё-таки, неоспоримое воплощение, по крайней мере, в области среднего и высшего образования, заботы о детях и о молодых специалистах после окончания ВУЗа. Так что, структура этого экспериментального строя не была такой уж безнадёжной и мрачной во всех отношениях, как её представляют на западе.

Ну, а пока вернусь несколько назад. Хочу посвятить одну-две страницы моим родным и незабвенным людям, которые меня вырастили и направили в жизни, и которым я бесконечно благодарна за то, какой я стала.

ВОПРОСЫ

1.   Какие социальные преимущества были у выпускников ВУЗов?

city. But, of course, it was always possible to return to one's home town.

In this way was the problem of unemployment in the Soviet Union solved – we didn't have unemployment! For all young specialists there was work in their specialty and I consider that a great achievement of the Soviet system. And furthermore, a young specialist was compulsorily given somewhere to live, so that not only was work in the specialty guaranteed but also an apartment!

What more could a young person of 25 wish for?! This was colossal social security, this was peace of mind and soul. Work, create, have a family! All paths and opportunities were open. In what country now can one expect this as a university graduate? Nowhere!

As you can see for yourself, the idea of building a fair and prosperous society – 'communism' – found, nevertheless, an unarguable fulfillment at least in the field of secondary and higher education, child care and young specialists after finishing at the institutes. Therefore the structure of this experiment wasn't so hopeless and gloomy in every aspect as has been presented in the West.

And now I'm going back a bit. I would like to devote a page or two to the close and unforgettable people who brought me up and guided me in life, and to whom I'm everlastingly grateful for what I have become.

QUESTIONS
1.   How were graduates rewarded in the Soviet Union?

IV. РУССКИЕ ЖЕНЩИНЫ

«Искусство быть матерью – это учить своих
детей искусству жить».

Элайн Хефнер

Хочу рассказать о моей маме и бабушке – этих двух
обыкновенных, но с моей точки зрения абсолютно
необыкновенных, замечательных, достойных светлой
памяти и поклонения женщинах. Они вынесли на своих
плечах тяжелейшее бремя двух войн и революций.

С начала двадцатого века и до смерти Сталина (1953
год) было самое турбулентное время в России. Страну
лихорадило. Миллионы людей погибли именно в это
время: убиты на войне, расстреляны, сосланы в лагеря,
умерли от голода и болезней. Россия истекала кровью,
Россия сама была, как смертельно раненный зверь. Но,
отлежалась, но выжила, но встала с колен, и я уверена
ещё и пойдёт с гордой головой.

Мне невероятно повезло, что я родилась после Великой
Отечественной войны, и не испытала всех ужасов преды-
дущих лет. Но, конечно, я знала, что произошло в семье
по рассказам мамы и родственников. А произошло то,
что 90 процентов мужчин в нашей семье были либо
сосланы в Сибирь и Казахстан, либо убиты во Вторую
Мировую. Истреблены! Выжили женщины, только
женщины...

Я слушала эти рассказы и разглядывала старые
фотографии моих юных дядей, убитых на войне и моего
дедушку, которого мне так и не пришлось узнать. Он
умер от разрыва сердца после того как большевики
отобрали большой, семейный дом и оставили всю семью
– мою бабушку и семь детей без крова. Я плакала и

IV. RUSSIAN WOMEN

> The art of being a mother – is to teach
> your children the art of living.
>   Elaine Hefner

I want to tell you about my mother and grandmother – these two ordinary but, from my point of view, quite extraordinary and remarkable women, deserving of vivid memory and veneration. They bore on their shoulders the hardest burden of two wars and revolutions.

From the beginning of the twentieth century and up to Stalin's death (1953) was the most turbulent time in Russia. The country was in a fever. Millions of people perished precisely at this time: they were killed in war, shot, exiled in camps, and died of hunger and disease. Russia haemorrhaged; Russia itself was like a beast mortally wounded. But it lay up, survived, got up off its knees, and I am convinced will walk again with head held high.

I was unbelievably lucky to be born after World War II[1] so did not experience all the horrors of the previous years. But of course I knew what befell the family from Mama's and the relatives' stories. What happened was that 90 percent of the men in our family were either exiled to Siberia and Kazakhstan or killed in the Second World War. Exterminated! Women survived, only the women…

I listened to these stories and scrutinized the old photographs of my young uncles killed in war, and of my granddad, who never knew me. He died of a broken heart after the Bolsheviks took over the large family house and left the entire family – my grandmother and seven children – without a roof over their heads. I cried and was astounded:

1   in Russian also called the Great Patriotic War

поражалась: «Как, как можно было выжить с семью детьми без крова и при лютовавшем тогда голоде!»

Это был 1918 год. После революции голод и болезни унесли, скосили миллионы. Но, бабушка моя, Евдокия – выжила! И все шесть мальчиков и одна девочка, моя мама, тоже выжили. Однако, четырёх маминых братьев убило во Вторую Мировую войну и двух тяжело ранило. Они умерли 5 и 7 лет спустя. Итак, осталось у моей бабушки от семи детей только моя мама. Это ли было не горе женщины – потерять почти всех детей, которых она подняла на ноги в то страшное время, спасла от смерти одного чудовища для того только, чтобы бросить в пасть другому?!

Меня бы это, наверное, скосило, я бы не выдержала, но бабушка... Слава, тебе бабушка! Слава, тебе многострадальная русская женщина!

Бабушка жила с нами. Мы жили все вместе вчетвером в одной большой комнате. Три разных поколения. Наверное, ей было очень трудно – бывшей барыне теснится с семьёй дочери в одной комнате. Однако, как я её помню, она была всегда ласковая, тихая, с постоянной готовностью улыбнуться. После войны она стала часто болеть, а потом и слегла совсем. Мама рассказывала, что во время войны она почти всё время отдавала свои 100 граммов чёрного хлеба ей и моей сестре. 100 граммов – это был паёк на день для взрослой женщины, и всё, и больше ничего. Она отдавала свой хлеб, чтобы спасти маму и внучку от неминуемого голода.

Мама работала и день, и ночь. Она была известным модельером в городе, но во время войны шила для солдат и офицеров шинели, гимнастёрки и тулупы. Конечно, истощение было полное, и мама говорила, что они пекли

"How on earth could she survive with seven children without a roof and with the extreme hunger of that time!"

This was 1918. After the revolution, famine and disease carried off, mowed down millions. But my grandmother, Yevdokia, survived! And all six boys and one girl, my Mama, also survived. However, four of my mother's brothers were killed in the second war and two severely wounded; they died 5 and 7 years later. Thus my grandmother, out of seven children, was left with only my mother. Was this not a woman's sorrow – to lose almost all her children, whom she raised to their feet in that terrible time, save them from one monster only so as to throw them into the jaws of another?!

This would probably mow me down, I couldn't bear it; but grandmother… Glory to you grandmother! Glory to you, long-suffering Russian woman!

Grandmother used to live with us. We lived all together four of us in one large room, three different generations. Probably it was very difficult for her – a former *barynya*[1] living tight up against her daughter's family, all in one room. However as far as I remember she was always gentle, quiet, and always ready to smile. She began to be ill often after the war and then took to her bed entirely. Mama related that during the war she almost always returned her 100 grams of black bread to her and my sister. 100 grams – this was a day's ration for an adult woman, and all, and nothing more. She returned her bread in order to save Mama and her granddaughter from the inevitable hunger.

Mama worked day and night. She had been a well-known clothes designer in the city but during the war made overcoats, tunics and sheepskin coats for the soldiers and officers. Of course they were completely exhausted, and Mama said

1   lady of the manor, well off

IV. РУССКИЕ ЖЕНЩИНЫ

лепёшки из травы-лебеды и собирали гнилую картошку на полях – то, что оставалось после уборки урожая. До сих пор помню, как после каждого обеда мама и сестра всегда собирали крошки со стола и отправляли в рот – привычка с войны, хотя в то время не было недостатка в хлебе. Всю возможную провизию отправляли на фронт, а те, кто был в тылу питались «чем Бог послал», как говорится.

Бабушка умерла за три дня перед тем, как я пошла в школу, в первый класс. Я помню, как я её спросила однажды, когда мне было года четыре:

My granddad Kuzma Gridnev and grandma Yevdokia Gridneva, late 1890's

they baked flat cakes from goosefoot grass and gathered rotten potatoes in the fields – what was left after harvest. I still remember after each meal Mama and my sister always gathered up the crumbs from the table and put them in their mouth – a habit from the war, although at that time there was no longer a shortage of bread. All possible provisions were sent to the front, and to those who were in the rear they fed 'whatever God sent', as the saying went.

Grandmother died three days before I went to school, into the first class. I remember how I asked her once, when I was about four: "Grandmother, grandmother, when will you die?"

My Mum
Lyubov Gridneva
in 1934

Family group with my mother on the left and my uncles Grigori, Michail, Vasili, Fyodor; 1931

IV. РУССКИЕ ЖЕНЩИНЫ

Soldiers, with Uncle Grigori at lower left, 1944

– Бабушка, бабушка, а когда ты умрёшь? – и она ответила:

– Вот, пойдёшь в школу, я тебе уже буду больше не нужна, вот тогда и умру. Я помню, я сказала:

– *Ладно[1]*. Хотя, я так не хотела, чтобы бабушка умерла; ведь практически она меня растила, и я проводила всё время с ней – мама была постоянно занята на работе.

Как удивительно и странно, что она, как бы, предвидела свою кончину за два года до неё. Помню, как она лежала у нас в комнате, в гробу, и никто не ночевал в комнате, но я попросилась остаться с бабушкой, мне не было страшно совсем, но как-то детское сердце не хотело расставаться с доброй и любимой бабушкой.

Я подходила к гробу и трогала её лицо и разговаривала с ней. Я пообещала ей, что буду учиться в школе на одни *пятёрки[2]*. Я почти сдержала своё обещание – у

1 ладно – it's ok, alright
2 пятёрка – the top mark at school

64

Uncle Grigori Gridnev on the left, 1943

She answered: "Here, off you go to school. When you no longer need me then I will die".

I remember I said "All right".

But of course I didn't want her to die; in practice it was she who was bringing me up and I was spending all my time with her – Mama was constantly busy at her work.

How amazing and strange that she seemingly foresaw her end two years before. I remember, as she lay in our room in the coffin and no-one was spending the night in the room but I asked to stay with grandmother; to me this was not particularly terrible – somehow a child's heart didn't want to part from good and dear grandmother.

I approached the coffin and touched her face and talked with her. I promised her that I would study at school up to the highest grade. I almost kept my promise – I had just the

меня была только одна снижённая оценка за поведение, это было моё наказание, как вы помните.

Ну, вот, бабушки не стало. Она умерла в тот же год, когда умер Сталин. На меня смерть Сталина не произвела особого впечатления, кроме обычного детского любопытства. Я хорошо помню реакцию взрослых, когда все жильцы нашей квартиры собрались на кухне перед громкоговорителем и слушали бас, Левитана.

В то время все объявления о чрезвычайных событиях читал только Левитан. У него был трагический бас и от его голоса мурашки ползли по спине. Я помню, многие плакали, и сестра моя попросилась в Москву на похороны Сталина. Мама её не пустила и хорошо сделала, потому что много людей было задавлено во время похорон. Люди ехали из разных городов России попрощаться с вождём, и давка была чудовищная.

Конечно, обыкновенные люди, что мы знали в то время? Умер, ушёл любимый вождь народа, *дедушка Сталин*, как мы, все дети звали его.

Мы, дети, любили Сталина: он был добрый, как мы думали или, может, нам в школе так говорили. Вот и всё, и больше ничего, да ещё и страх: «Кто же заменит Сталина?»

Мы не знали тогда, почему приезжал «*чёрный ворон*»[1] ночью и увозил людей неизвестно куда, но откуда люди не возвращались. «Чёрный ворон» – так прозвали в народе эту большую, чёрную, крытую машину – она была зловещая. Я помню, что мама жила в вечном страхе, что утром, мы, дети, можем проснуться совсем одни, а её ночью заберёт «черный ворон». Главное, никто толком

1 чёрный ворон – чёрный маленький грузовик

one black mark for behaviour and this was my punishment as you will remember.

Well, grandmother did not recover; she died in the same year as Stalin. The death of Stalin made no particular impression on me apart from a normal child's curiosity. However I well remember how all the tenants of our apartment gathered in the kitchen before the loudspeaker and listened to the bass Levitan.

At that time, only Levitan read all the announcements about extraordinary events. He had a tragic bass and from his voice you felt goose pimples up your back. I remember many people cried, and my sister asked if she could go to Moscow for Stalin's funeral. Mama didn't let her and just as well too because many people were crushed during the burial. People travelled from different cities of Russia to bid farewell to their chief and the tumult was horrendous.

Of course what did we ordinary people know of that time? Dead, the beloved leader of the nation gone, *dedushka Stalin* as the children called him.

We children loved Stalin; he was a good man, or so we thought, or perhaps as they told us at school. That's all we knew and nothing more; on top of that the fear: "Who will replace Stalin?".

We did not know then why the *chyorny voron*[1] arrived at night and took people away to who knew where, but whence people did not return. The 'black crow' was what people called this large, black, covered vehicle – it was ominous. I remember that Mama lived in perpetual fear that in the morning we children would wake up completely alone, she having been taken off during the night by the black crow.

1   black crow – a bad omen, applied to the sinister dark van that took people away

не знал: за что, куда и почему – всё было окутано тайной и тревогой. Мама, в конце дня, обычно говорила: «День прошел и, слава Богу»; я тогда не понимала, почему... Поняла спустя много лет; ведь мама принадлежала к *сословию имущих*[1], которое подвергалось гонениям разного рода, и которых ссылали и в Сибирь, и в Казахстан, и на Соловецкие острова...

Мама... моя многострадальная мама. Я часто думала, да и теперь думаю и удивляюсь, и сердце сжимается от боли за тебя – какую тяжёлую жизнь ты прожила, и ничего-то хорошего ты в жизни не видела: только работа, работа до изнурения и обязанность вырастить нас с сестрой. Ты была одна, *тянула эту непосильную лямку*[2], да ещё нужно было ухаживать за больной бабушкой, которая была парализована два года и лежала всё время в постели. Непобедимая никакими невзгодами душа. Как бабушка – сильная и скромная. Я преклоняюсь перед тобой, мама! Я хочу надеяться, что у меня есть хоть часть твоей силы духа и выдержка.

Все школьные годы я видела маму очень мало, потому что она уходила на работу, когда мы ещё спали, и приходила совершенно уставшая и замотанная поздно вечером. Мне было жалко маму, и я всегда хотела сделать что-нибудь хорошее для неё. По очереди с сестрой мы пытались приготовить сй что-то на ужин. Так, в моём меню, например, на ужин был суп из сухого гороха; вообще-то это был не суп (это я гордо называла его супом), а был это просто полуразваренный горох в кипятке, но она ела. Какой же нужно быть голодной, чтобы есть такую гадость!

---

1 сословие имущих – class of well-off people (bourgeoisie)
2 тянула эту непосильную лямку – pull the torturous strap, a reference to the barge haulers

The main thing was no-one knew what, where or why – everything was cloaked in secrecy and anxiety. At the end of a day Mama usually pronounced: "The day has gone by and glory to God". I didn't then understand why, I understood years later; you see, Mama belonged to the 'moneyed class' who suffered persecution of various kinds and were often banished to Siberia or Kazakhstan or the Solovetsky Islands...

Mama... my long-suffering Mama. I often thought and think still, and marvel at you, and my heart sinks from pain – what a hard life you lived, and that you saw nothing good in your life: only work, work to exhaustion, and the responsibility of bringing up my sister and me. Alone in this barely endurable toil, on top of this you had to look after sick grandmother who was paralysed for two years and confined to bed. Your soul was unconquered by any adversities. Like grandmother – strong and modest – I kneel before you, Mama! I would like to hope I have some of your spirit and endurance.

All my school years I saw Mama very little because she left for work while we still slept and came back completely tired and worn out late in the evening. I was sorry for Mum and always wanted to do something good for her. In turns my sister and I tried to cook her something for supper. Thus, on my menu for example there was soup made from dried peas; actually not a soup (only I proudly called it that), simply half-cooked dried peas in boiled water, but she ate it. How hungry does one have to be to eat this muck!

IV. РУССКИЕ ЖЕНЩИНЫ

Также, я всегда поздравляла её с праздниками. Денег у меня практически не было совсем (никаких карманных денег не было и в помине в то время), поэтому я готовила в подарок какую-нибудь вышивку, или шила шарф, или что-нибудь ещё делала своими руками.

Женский день 8-е марта – особенный день в России. Все дети, мы всегда поздравляли своих мам. Я начинала собирать копейки, которые мне давали на пирожок, чтобы съесть его в школьную перемену, за несколько недель до 8-го марта. Пирожок я не покупала, а копеечки собирала «в банку», чтобы мне хватило на «драгоценный» подарок. Помню, я подарила маме шелковые чулки на день 8-го марта, и этот подарок был для неё действительно «драгоценный», я видела это по её глазам (кстати, хорошие чулки – это была роскошь по тем временам).

Я помню почти все подарки маме, маленькие конечно, но всегда с большой заботой, вниманием и душой. Я всегда так волновалась – понравится маме мой подарок или нет? Маме всегда нравился мой подарок, я надеюсь, что это было действительно так.

Школа, кстати, сыграла большую роль в воспитании уважения и любви к родителям, и, в особенности, к матери. Я думаю, что подборка книг и дискуссии на уроках литературы сделали своё доброе дело. Спасибо, школе.

ВОПРОСЫ

1. Какая судьба постигла почти всех детей бабушки?
2. Что вы думаете о характере русских женщин?
3. Почему миллионы русских людей скорбели, когда умер Сталин?

IV.   RUSSIAN WOMEN

In addition, I always celebrated every public holiday. I didn't have money (in those days pocket money was out of the question) so I used to make presents such as embroidery, a scarf, or something else, with my own hands.

Women's Day, March 8th, is a special day in Russia. All of us children always greeted our mothers. Several weeks before the 8th of March I began collecting the kopecks which I was usually given to buy a *pirozhok*[1] during school break. I didn't buy a *pirozhok* but collected kopeks in a jar so that there would be enough for the 'precious' present. I remember I gave her some silk stockings on Women's Day and this present for her was precious indeed, I saw it in her eyes (good stockings, incidentally, were a luxury in those times).

I remember almost all my presents to Mama, small of course but always made with great care, attention and love. I was always so worried – will she be pleased with my present or not? My presents were always pleasing to her; I hope it was really so.

School, by the way, played a big role in cultivating respect and love for your parents, and especially your mother: I think that in the selection of books and the discussions in literature lessons they did well. Thank you school.

QUESTIONS

1. What sort of hardships had the author's mother and grandmother endured?
2. Who died in the same year as the author's grandmother? Which of them made the greatest impression on the author?

1 pie

V. ВРЕМЯ ВЗРОСЛЕТЬ

«В юности мы познаём,
с возрастом мы понимаем».

Мари Эбнер фон Эшенбах

Школьные годы и невинные забавы детства подходили к концу. Я должна была распрощаться с бременем уроков, которые, кстати, мне нравилось делать; мне нравилось учиться, что моя дочь, которая окончила школу в Англии, находит невероятно странным и, даже, не верит мне.

Нужно было распрощаться со спортивной школой – я играла в баскетбол; и с музыкальной школой, где я училась с шести лет игре на скрипке.

Сейчас, оглядываясь назад, я даже не могу себе представить – и как это я всё успевала. Мне очень нравился баскетбол, и с нашей городской командой, которая держала первенство Московской области в течение нескольких лет, я объездила много городов и республик СССР.

Люблю баскетбол до сих пор и, когда есть возможность закинуть мяч в кольцо, закидываю и, как не странно, попадаю! Кисти рук помнят, что делать – это невероятно, но, видимо, то, чему ты научилась в детстве – это на всю жизнь.

Не могу сказать того же о моей бедной скрипке. Отдали меня в музыкальную школу по моей собственной просьбе. Меня прослушали и приняли. Почему я хотела учиться играть на скрипке, да потому только, что я хотела ходить по улице с этим необыкновенным скрипичным футляром и важничать так же, как наш сосед Сашка.

Мне было тогда шесть лет. Но скоро я поняла, что за это важничанье я должна была много трудиться и

V. *GROWING UP*

"In youth we learn,
with age we understand".

Marie Ebner von Eschenbach

School years and innocent childhood amusements came to an end. I had to take leave of the burden of lessons, which by the way I was pleased to do although I enjoyed learning – which my daughter, who finished school in England, finds very strange and even doesn't believe me.

It was necessary to leave the sports school, where I played basketball; and the music school, where I learned from age six to play the violin.

Now, looking back, I cannot imagine how I managed it all. I passionately loved basketball though and with our urban team, who were Moscow regional champions for several years, I travelled to many cities and republics of the USSR.

I love basketball to this day and whenever there is a chance of lobbing the ball through the hoop I get it in and, to my surprise, score! Hands remember what to do – this seems unlikely but apparently what you learned in childhood stays with you for life.

I cannot say the same about my poor violin. I was sent to music school at my own request. They listened to me and accepted me. Why did I want to learn the violin? Only because I wanted to walk along the street with this unusual violin case and put on airs, just like our neighbour Sashka.

I was then 6 years old. Soon however I understood that for these airs and graces I had to do a lot of work and play

играть нудные нескончаемые гаммы. Я хотела было увильнуть и бросить эту затею, но мама сказала: «То, что начала, нужно закончить», – и не приняла никаких моих отговорок.

Так что, первые три года были для меня настоящей пыткой, но, наверное, мне попался хороший учитель; он открыл для меня мир музыки и увлек меня в этот каторжный труд. Я помню, что в старших классах я уже занималась по четыре, пять часов в день, доходила до полного изнеможения, но не могла остановиться пока не добивалась (в моём представлении) уровня, которого требовал от меня мой учитель.

Я увлеклась скрипкой настолько, что когда встал вопрос о выборе будущей профессии, я колебалась и «разрывалась на части» между физикой и скрипкой. В конце концов, я выбрала физику, думая, что буду

Basketball team, 1962. I'm third from right

74

interminable tedious scales. I wanted to dodge this and give up this undertaking but Mama said: "What was started must be finished" and accepted no excuses.

Thus the first three years were real torture for me, but probably I had a good teacher and he opened up for me the world of music and enticed me into this drudgery. I remember that in the senior classes I was already occupied for four or five hours a day and reached complete exhaustion, but could not stop it until I had reached (in my estimation) the level that my teacher required from me.

So absorbed was I in the violin that when the question arose of choosing a future profession I wavered, torn between physics and the violin. Finally I chose physics, thinking that

Winter PE
at school,
1964

продолжать играть на скрипке сама, и это будет всегда со мной.

Но, годы в университете закрутили меня, завертели. Времени практически не оставалось на серьёзные занятия скрипкой, и, постепенно, всё откладывая до лучших времён, моё намерение угасло. Угасло, но не совсем испепелилось; я и теперь ещё не теряю надежды когда-нибудь начать, вспомнить, заиграть, для себя, конечно. Мечты! Мечты!

Однако, любовь к музыке я пронесла через всю жизнь и благодарна, опять же, маме, что она настояла и заставила меня продолжать учиться в музыкальной школе.

Пригодились мамины советы, все её советы пригодились в жизни, хотя в то время, когда она давала их мне, я нередко с ней не соглашалась и думала, что права-то я, а не она. Мама частенько говорила:

«Ну что ж, не хочешь слушать мать, так жизнь тебя научит». И учила жизнь меня, ох, как учила – по кочкам, да по ямам, но я только закалялась, *набиралась уму-разуму*[1].

Ни о чём не сожалею, и если б предложили мне жизнь прожить сначала, то, я думаю, что прожила бы примерно такую же жизнь – увлекательную и интересную, я бы сказала.

ВОПРОСЫ

1. Какое отношение было у автора к школе?
2. Что помогло автору побывать в разных городах СССР?

---

1 набраться уму-разуму – colloq., come to one's senses

V.   GROWING UP

I would continue the violin myself and it would always be with me.

But the years at university turned my head and I was in a whirl. There was practically no time for serious violin study and gradually, putting everything aside until a better time, my ambition faded. Faded but didn't entirely burn out: I still harbour hopes of sometime starting afresh, remembering, beginning to play – for myself of course. Dreams! Dreams!

However, I carried a love for music right through life and am grateful yet again to Mama for persisting and forcing me to continue studying at music school.

Mother's advice proved useful as did all her advice in life, although at the time it was given I frequently didn't agree with it, and thought I was right and not her. Mama often said: "Well then, you don't want to listen to mother so life will teach you". And taught me life did, and how – on the bumps and the potholes – but I was getting stronger and came gradually to my senses.

I regret none of it and had it been suggested to me to start my life again then I think it would have been approximately the same life – captivating and interesting, I would say.

QUESTIONS
   1. How did the author learn important lessons besides those at School?
   2. What effect did these lessons have on the author?

VI. УНИВЕРСИТЕТ

«Только образованные люди
понастоящему свободны».

Эпиктетус

Вот и закончился период беззаботного и мечтательного
детства. Прощай школа, прощай милый дом, и вот мы
уже летим в неизведанное будущее. Я сдала успешно
вступительные экзамены в университет через месяц
после выпускных экзаменов в школе. Я помню, это
было довольно трудное лето – очень много экзаменов,
волнений и стресса. В конце августа я была совершенно
измотана, но невероятно счастлива, ведь открывались
новые горизонты, и начиналась новая взрослая жизнь;
ликованию моему не было предела.

В первый год мне было легко учиться, так как я очень
много занималась в школе, и мои знания и привычка
много заниматься пригодились в университете.

В первый год нам выделили общежитие в пригороде
Москвы, двадцать пять минут на электричке. Мы жили
в частном доме. Наша хозяйка была древняя и глухая
старуха – страшная, как из сказки, а нашим соседом был
козёл. Да-да, я не шучу, настоящий козёл, а вернее коза,
которая давала бабке молоко. По утрам коза нас будила,
так что будильник нам не нужен был.

У бабки в доме было четыре больших комнаты: в двух
обитала она, в одной комнате жила коза и в последней
– жили мы, студенты. Нас было одиннадцать человек,
и все – в одной комнате. Не помню, чтобы у нас были
какие-то проблемы, наоборот, мы друг другу помогали,
готовили вместе еду и выручали деньгами и советами.

VI. UNIVERSITY

"Only the educated are really free."
Epictetus

The period of carefree and dreamy childhood ended here. Good-bye school, good-bye dear home, here we're already flying into the unexplored future. I passed the entrance examinations to university the month after final examinations at school. I remember, this was quite a difficult summer – there were lots of examinations, excitement and stress. By the end of August I was completely exhausted but deliriously happy – new horizons were opening and a new, adult, life starting. There was no end to my joy.

In the first year it was easy for me to learn since I had studied so much at school, and my knowledge and habit of working hard proved useful at university.

For the first year they assigned us to a hostel in the suburbs of Moscow, twenty-five minutes away by electric train. We lived in a private house. Our landlady was an ancient and deaf old woman looking alarmingly as though out of a fairy tale, and a goat was our neighbour. Yes, I'm not joking, a real goat, probably the nanny goat that gave milk to the *babushka¹*. In the morning the goat woke us so we had no need for an alarm clock.

In the old woman's house there were four large rooms: she occupied two of them, in one room lived the goat and in the last, us students. There were eleven of us, all in one room. I don't remember, living like that, what problems there were; on the contrary we helped each other, prepared meals together and lent money and advice.

1   grandmother or old woman

VI. УНИВЕРСИТЕТ

Так, например, меня угораздило влюбиться в студента с четвёртого курса. У нас сложились хорошие дружеские отношения, но он ко мне относился, как к младшей сестре, а мне хотелось большой любви ну, как в романах, которыми я зачитывалась в школе. Я помню, что я страдала ужасно от неразделённой любви: потеряла аппетит, не могла спать – короче весь набор страданий, как в книжках. Это было мое первое увлечение и первое страдание. Длилось полгода, примерно, и я не знаю, как бы я сумела с этим справиться, если бы не мои подружки по комнате. «Разговоры по душам» помогают.

Через полгода всё прошло, спасибо подружкам. Я поняла, что это не конец света, и я непременно встречу другого «принца». Так что, не отравилась и вены себе резать не стала. Какие глупости, жизнь так прекрасна! Наступали летние каникулы, и решили мы с подружками поехать на Чёрное море.

У меня была идея и план, правда не совсем детальный, но подружки одобрили, и мы, надеясь «*на авось*»[1], начали готовиться к нашему отдыху. Главное, надо было собрать денег.

1. Каникулы на Чёрном Море

«Легкомыслие! – Милый грех,
Милый спутник и враг, мой милый!
Ты в глаза мне вбрызнул смех,
Ты мазурку мне вбрызнул в жилы».

Марина Цветаева

Надо сказать, что до девятнадцати лет кроме Москвы и Ленинграда я никуда самостоятельно не ездила.

Денег на путешествия не было, мама еле-еле сводила

1 на авось – colloq., on the off-chance

Thus I came to fall in love with a student from the fourth course. Good friendly relations formed between us, but he treated me like a younger sister and I needed great love, well, like in the novels I used to read at school. I remember I suffered terribly from unrequited love: lost appetite, couldn't sleep – a shorter entire collection of sufferings just as in the books. This was my first passion and first distress. It lasted about six months and I don't know how I would have managed to cope without my room mates. Soul-searching conversations help.

After six months all was past, thanks to girlfriends. I understood that this was not the end of the world and that I would without fail meet another "prince". Thus there was no poisoning and no veins were cut. What stupidities, life is so wonderful! The Summer vacation was about to start and I and my girlfriends decided to go to the Black Sea.

I had an idea and plan, in truth not very detailed, but the girlfriends approved and hoping for the best we began to prepare for our vacation. The main thing was to get together some money.

1. Vacation by the Black Sea

"Frivolity – A charming sin
My dear companion and enemy!
You splashed laughter in my eyes,
You splashed dancing in my life".
Marina Tsvetaeva

I should say that up to the age of nineteen I had been nowhere on my own except Moscow and Leningrad.

There was no money for travel as Mama could barely

концы с концами. Так что, когда я ей сказала, что собираюсь поехать на летние каникулы на Чёрное море, она дала мне хороший совет – заработать деньги самой на отдых. Я пошла работать на завод, где проработала токарем два месяца. Последние два года в школе у нас была дополнительная программа обучения. Мы могли получить квалификацию в разных отраслях промышленности. После школы, два раза в неделю, мы ходили на трудовую практику, где учились выбранной профессии. Я выбрала квалификацию токаря и фрезеровщика на заводе.

Не знаю почему, но когда нам показывали разные места по прохождению практики, чтобы сделать выбор, то мне понравилось, как из простого, грубого куска металла после обработки на станке выходила блестящая, сложная деталь – появлялось ощущение завершенности и, что ты можешь сделать что-то полезное.

Я заработала хорошие деньги, потому что очень старалась. Платили сдельно, это значит – чем больше было сделано, тем больше платили денег. Я очень гордилась своим заработком – ведь это были мои деньги, которые я в первый раз заработала сама.

Денег по грубому расчёту должно было хватить на дорогу к Чёрному морю и на проживание в палатке в течение месяца. Итак, мы, все девчонки, отправились к Чёрному морю в Крым. Нас было пятеро. Мы выбрали бухту в Крыму наобум, по карте, так что приключения были обеспечены.

Кроме палатки, лёгких матрасов для сна и паяльной лампы для приготовления еды, у нас бльше ничего не было. Юность! Мы были беспечны и, каким-то образом, уверены, что выживем, и у нас будут отличные каникулы.

make ends meet. Thus when I said to her that I was going to go to the Black Sea for the summer holidays, she gave me good advice – to earn the money for leisure myself. I went to work at a factory where I laboured as a lathe operator for two months. The last two years at school we'd had a supplementary training programme. One could gain qualifications in different branches of industry. After school, twice a week, we went to work practice where we studied for our chosen qualification. I chose turner and milling-machine operator at the plant.

I don't know why, but when they showed us different places for working practice so one could choose, it pleased me how out of a simple, rough piece of metal, after working over with the machine tool, came a bright, complex shape – this appeared the embodiment of perfection, and you were able to make something useful.

I earned good money because I tried hard. They paid *piece work*[1] which meant that the more you did the more they paid. I was very proud of my earnings – indeed this was the first money I had earned myself.

The money had to be sufficient for the trip to the Black Sea and living in a tent for a period of a month. Thus we, all girls, left for the Black Sea in the Crimea. There were five of us. We selected a bay in the Crimea at random on the map, so that adventures were assured.

Besides tent, light mattresses for sleeping and a blow lamp for cooking, we had nothing. Youth! We were happy-go-lucky and somehow convinced that we'd survive and have

1   pay by the job

VI. УНИВЕРСИТЕТ

Мы были счастливы! Первые каникулы без родителей – свобода! Мы чувствовали крылья за спиной.

Вспоминая сейчас эту поездку, я удивляюсь нашей смелости, а вернее сказать, легкомыслию. Ведь, что-угодно могло случиться, и это не было безопасно. Но, в общем с нами ничего трагического не произошло, кроме того, что одну нашу подружку укусил скорпион или, может, кавказская сороконожка. У неё страшно распухла нога и поднялась высокая температура, так что её срочно, на самолете отправили в Москву. Не повезло бедняжке! А вообще, у нас получились отличные каникулы – одни из лучших в моей жизни.

На поезде нужно было ехать 36 часов; конечно, мы купили самые дешёвые билеты, а это значило – сидеть в жёстком вагоне. Но 36 часов сидеть на одном месте трудно, так что мы лежали и спали на багажных полках – это под самым потолком, в пыли и духоте.

Да, в юности твоё бедное тело не ворчит; заплати мне сейчас миллион, но я не смогла бы претерпеть и сотую долю того, что мы испытали в эти каникулы, причём чувствуя себя совершенно счастливыми.

Ах, как бы я хотела сейчас иметь такое отношение к жизни и к отсутствию комфорта! Но ушла юность, беспечность и вместе с этим ощущение счастья простого, бесхитростного бытия.

Но, вернусь к нашим летним приключениям. Вышли из поезда в деревне «Весёлое» – отличное название, не так ли? До моря надо было идти шесть километров. Жара была ужасная. Мы, из Москвы, не привыкли к такой жаре. Мы шли через колхозные виноградники,

a wonderful holiday. We were happy! First vacation without parents – freedom! We felt wings on our backs.

Recalling this trip now, I am surprised at our courage or, more accurately, fecklessness. Indeed, anything you can think of could happen and it wasn't safe. But on the whole nothing tragic happened apart from one of us being stung by a scorpion, or perhaps a Caucasian centipede. Her leg swelled up terribly accompanied by a high temperature, so that she was urgently taken by plane to Moscow. Poor unlucky girl! Generally though, we had an excellent holiday – one of the best in my life.

We had to travel 36 hours on the train; of course we bought the cheapest tickets and this meant sitting in the hard-seated carriages. But it's difficult to sit in one place for 36 hours so we lay and slept on the luggage racks – under the ceiling, in the dust and heat.

Yes, in youth your poor body will not grumble; pay me a million now but I couldn't endure a hundredth of what we did on these vacations while feeling perfectly happy.

Ah, how I'd like now to have that attitude to life and the absence of comfort! But youth departed and carelessness too, together with this sense of happiness of the simple, ingenuous existence.

But I return to our summer adventures. We got off the train in the village of 'Vesyoloye[1]' – an excellent name don't you think? The sea was a six kilometre walk. The heat was terrible. We, from Moscow, were not used to this heat. We went through the *kolhoz*[2] vineyards, peach gardens,

1   means 'Merry'
2   collective farm

персиковые сады, миндальные рощи и овощные поля. Всё было *вновинку¹*.

Мы никогда прежде не видели в глаза эти прекрасные фруктовые деревья, ветви которых гнулись от тяжести спелых фруктов. Так что, мы хорошо подкрепились после поездки на поезде. Никаких заборов или сторожей не было, и мы позаимствовали колхозных сочных фруктов, потому что были очень голодные, и хотелось пить.

Подошли к морю. Боже мой,– эта лазурная безбрежная синь! Восторг и радость бытия нахлынули на нас – это было ощущения счастья первой встречи с морем. Я полюбила море навсегда! Первобытная тяга к истокам жизни. Бухта, которую мы выбрали по карте, не разочаровала нас. Она была довольно большая, метров 700, окружённая горами. Под ногами прекрасный почти белый, мелкий песок. В одном конце бухты мы заметили небольшую палатку, и больше – никого!

Мы решили расположиться в противоположном конце бухты. Мы справились с палаткой быстро (спасибо пионерскому лагерю – научили) и, конечно, нам нужна была вода, чтобы приготовить еду. Мы не знали, где взять воду, и поэтому отправились к единственным соседям узнать, где можно набрать воды. Оказалось, что пресной воды нет в бухте, наверное, этим и объяснялось полное отсутствие туристов.

Обитателями палатки оказались двое симпатичных художников. Они сказали, что можно брать воду в деревне, но это, Боже мой, – это же шесть километров по жаре туда, и потом с водой обратно! Это была
_____
1 вновинку – colloq., new experience

almond groves and vegetable fields. Everything was a new experience.

We'd never before set eyes on these wonderful fruit trees whose branches bent from the weight of ripe fruit. So we fortified ourselves well after the train journey. No fences or watchmen about so we borrowed the collective farm's juicy fruits because we were very hungry and thirsty.

We got to the sea. My God, this boundless azure blue! Enthusiasm and joy of existence engulfed us – this was the sensation of happiness of our first encounter with the sea. I fell in love with the sea forever! The primeval pull to the source of life. The bay, which we'd picked out on the map, did not disappoint. It was sufficiently large, 700 metres, encircled by mountains. Underfoot was beautiful almost white fine sand. At one end of the bay we noticed a small tent and no-one else!

We decided to set ourselves up at the opposite end of the bay. We managed the tent (thanks to pioneer camp training) and of course needed water in order to prepare food. We didn't know where to get water and therefore set out to the only neighbours to find out where it could be taken from. It turned out that there was no fresh water in the bay which probably explained the complete absence of tourists.

The occupants of the tent proved to be two genial artists. They said that it was possible to get water in the village but this, my God, meant the same six kilometres in the heat there,

VI.   УНИВЕРСИТЕТ

почти катастрофа! К счастью, нам повезло, художники оказались дружелюбными и сразу же предложили нам помощь.

У них была надувная, маленькая лодка, и они знали источник на берегу моря, до которого на лодке можно было добраться без проблем, конечно, в хорошую погоду. Так что, проблема воды была решена на какое-то время.

Итак, мы познакомились. Они тоже были студенты из Москвы. Они жили на этом уединённом берегу моря и много работали. Как я помню, они уходили рано утром на этюды, когда ещё не было так жарко, и возвращались только к вечеру.

Мы тоже уходили рано утром, но только не на этюды, а на колхозные поля. Мы работали четыре или пять часов до полудня, помогали колхозу собирать виноград, персики, миндаль; мы не получали за это деньги, но они давали нам столько фруктов и овощей, сколько мы могли с собой унести и съесть, что нас отлично устраивало.

Никогда больше в жизни я не ела таких вкусных и сочных персиков и винограда, прямо с дерева, с лозы – откусишь и сок течёт по рукам и, кажется, что ты вкушаешь «райского плода». После полудня мы, обычно, плавали к огромному подводному камню, на котором росли мидии. Мы набирали ведра два на ужин, и каждый вечер мы устраивали настоящий пир. Мы разжигали нашу паяльную лампу, и, на смастерённой плите из камней, готовили наш ужин – мидии с грибами, ох, до чего ж было вкусно! Потом, конечно, салат из свежайших колхозных овощей и «райские» фрукты.

Наша жизнь была полна! Мы имели всё, что хотели, и даже больше того, ну, в точности, жизнь Робинзона

and then back with the water! This was almost a catastrophe! Fortunately we were lucky, the artists proved to be friendly and immediately proposed to help us.

They had a small inflatable boat and knew the spring on the sea shore which in the boat it was possible to reach without a problem, in good weather of course. So the water problem was solved for the time being.

Thus were we introduced. They were also students from Moscow. They lived on this secluded seashore and worked hard. As I remember, they departed early in the morning to their studies when it was not yet so hot and returned only towards evening.

We too went off early in the morning only not to studies but to the *kolkhoz* fields. We worked four or five hours to noon, helping the *kolkhoz* to pick grapes, peaches and almonds; we got no money for this but they gave us as much fruit and vegetables as we could carry away and eat which suited us very well indeed.

Never in my life have I eaten such tasty and juicy peaches and grapes, straight from the tree – you bite it off the stalk and juice runs down your hands and it seems you're tasting the fruit of paradise. After midday we usually swam to an enormous underwater rock on which grew mussels. We gathered two buckets for supper and each evening contrived a real feast. We lit our blow lamp and, on a cooker improvised from stones, our supper – mussels with mushrooms – was prepared. Boy was it tasty! Then, of course, mixed salad from the fresh *kolhoz* vegetables and paradise fruit.

Our life was complete! We had all that we wanted and even more, just as in the life of Robinson Crusoe. We honestly

VI. УНИВЕРСИТЕТ

Крузо. Мы честно зарабатывали свой прекрасный ужин, много плавали, а также собирали грибы и орехи, чтобы разнообразить наш стол и, даже, часто пили шампанское! Это, когда приходили к нам в гости наши соседи художники.

Мы заметили, что они никогда не готовили себе еду и не знали, как они питались. Но женский инстинкт подсказал нам, что они, «бедолаги», возможно, голодают – мужчины, *что с них возьмёшь*[1], да ещё художники; мы решили взять над ними шевство и часто приглашали их на наш пир. Они никогда не приходили без шампанского.

Может, это звучит странно – бедные студенты и вдруг шампанское? Но, странного в этом ничего не было, потому что за пять километров от бухты был расположен маленький городок, в котором был завод по производству шампанского.

В конце каждого дня после проверки партии шампанского на качество всегда было в наличии некондиционное шампанское. Оно продавалось потом в местном магазине очень дёшево и *на разлив*[2]. Так что, наши художники всегда приходили с канистрой в 10 литров, не меньше, и пир продолжался далеко за полночь. Разговоры, долгие разговоры о жизни, об искусстве, обо всём... под теплым, звёздным, южным небом, а потом купание в серебристом море при луне. В августе Чёрное море флуоресцирует, и когда ты плывёшь, то у тебя такое ощущение, что ты плывёшь в какой-то волшебной серебряной воде. Жизнь наша походила на невыдуманную сказку!

Однако, подошло время нашим художникам уезжать. Мы, было, заволновались: «неужели теперь придется

1 что с них возьмёшь – colloq., what can one expect
2 на разлив – filling your own container

90

earned our excellent supper, swam a lot and also picked mushrooms and nuts to add variety to the table. Often we even drank champagne! This, when our artist neighbours came round.

We noticed that they never cooked for themselves and didn't know how they managed for food. But maternal instinct prompted us that the poor devils could starve – men, what can you expect from them, and on top of that artists – so we decided to take them under our wings and frequently invited them for meals. They never came without champagne.

This might sound strange – poor students and suddenly champagne? But there was nothing strange about it because five kilometres from the bay was a small town in which there was a champagne production plant.

At the end of each day after checking the batch of champagne for quality, there was always available non-standard champagne. It was sold then in the local store very cheaply by filling your own container. Consequently our artists always came with a canister of ten litres, no less, and feasting continued long after midnight; conversations, long conversations about life, about the arts, about everything under the warm, starry, southern sky, and then batheing in the silvery sea in the moonlight. In August the Black Sea fluoresces, and when you swim you have the sensation of swimming in magical silvery water. Thus our life was like a non-fictional fairy tale.

However, the time arrived for our artists to leave. We became agitated: was it really now necessary to walk all

ходить так далеко в деревню за водой?» Но они были благородного сердца мужчины, они оставили нам лодку! Это было, действительно, по-джентльменски! Без лодки наша жизнь превратилпсь бы в *сущий*[1] ад. Мы устроили прощальный пир, и утром они должны были уехать.

Адресами не обменялись, а *мобильников и в помине не было*[2]. Мы сосуществовали в этой бухте как хорошие друзья, и мне, например, даже в голову не приходило, что один из художников в меня влюблён. Это был Дима.

2. Новый мир

«И вдруг я увидел, что значу что-то для другого человека
 и что он счастлив только от того, что я рядом с ним....
 Это любовь и всё-таки нечто другое. Что-то такое,
 ради чего стоит жить. Мужчина не может жить
 ради любви. Но ради другого человека – может».

Эрих Мария Ремарк

Я хочу написать о Диме особо, и из моего рассказа вы сами поймёте – почему.

В ночь перед расставанием Дима сказал мне, что они отправляются вглубь полуострова в небольшой город Бахчисарай, известный своей историей и сохранившейся самобытной культурой.

Он пригласил меня приехать в этот город и провести там дней шесть/ десять. Он назвал мне адрес, и они уехали. Подружки мои сказали, что он в меня влюблён по уши. Я, честно говоря, сама ничего не замечала, но я помню удивительный взгляд его необыкновенно синих глаз, и, когда он смотрел на меня, то эта синь пронизывала меня насквозь. Это было незнакомое для

1 сущий – colloq., indeed,. really
2 мобильноков в помине не было – there was nothing like mobiles

that way to the village for water? But they were noble-hearted men, they left us the boat! This was gentlemanly indeed! Without a boat our lives would have been real hell. We arranged a farewell feast and in the morning they had to leave.

We didn't exchange addresses, and mobiles simply didn't exist. We'd coexisted on this beach as good friends and, to me for example, it never even entered my head that one of the artists was in love with me. This was Dima.

2. New world

"And suddenly I saw that I mean something for another
and that he is happy only with me at his side…
This is love but also something else.
Something worthy of living for.
Man cannot live just for love – but for another, he can."
Erich Maria Remarque

I want to write about Dima especially, and from my story you will understand why.

On the night before their departure, Dima told me that they were leaving for the depths of the peninsula to the small town of Bakhchisaray, noted for its history and the preservation of its original culture.

He invited me to come to this town and spend a week or ten days there. He gave me the address and they left. My girlfriends said he was head over heels[1] in love with me. I, to be honest, hadn't noticed anything but I do remember the surprising sight of his unusually dark-blue eyes, and when he looked at me this blue pierced right through me. This was an unfamiliar sensation for me but I didn't know what it was.

1   Russian says 'In love up to the ears'

меня ощущение, но я не знала, что это? Точно помню, что я не была влюблена в него; интерес, любопытство – да, потому что художник, но не более того. Я даже не была уверена, поеду ли я в Бахчисарай.

Они уехали, и я почти забыла о них. Через неделю мы тоже уже собирались возвращаться и наслаждались последними днями нашего рая.

Как вдруг, через три дня после их отъезда, в самый солнцепёк на пляже появляется Дима. Обросшие щетиной щёки, исхудавший, босиком, и ноги все в ссадинах, в обтрёпанных штанах. В руках у него ничего не было. Это было явление!

Мы онемели от его вида и от неожиданности. Не говоря ни слова, он сразу бросился в море и довольно долго плавал. Когда он вышел, наконец, мы спросили, что случилось?! Он ответил, что просто пришёл сказать мне, что адрес, который он мне дал, не существует в городе Бахчисарае, и, что мы бы там не встретились.

Друг его вернулся в Москву, а у него не было денег на автобус, и поэтому он пришёл пешком. Он шёл три дня по сумасшедшей жаре (и это было примерно 70 километров) и ночевал в поле. Да, было, отчего прийти в изумление! Когда мы предложили ему поесть, он отказался (комплекс бедности) и сказал, что должен вернуться обратно, как можно скорее.

Димин приход всех шокировал. Девчонки тогда сказали мне: «Ну, теперь-то ты видишь, что он влюблён в тебя?!» Я была смущена, но это благородство его поступка запало мне в душу. Димин приход разрешил мои сомнения по поводу: ехать или не ехать; конечно же, я решила ехать. Кстати, насколько безопасно мы

VI.   UNIVERSITY

I do remember precisely that I was not in love with him: interest, curiosity, yes because he was an artist, but no more than that. I wasn't even sure if I'd go to Bakhchisaray.

They left, and I almost forgot about them. In a week's time we too already intended to return and we enjoyed the last days of our paradise.

When suddenly, three days after their departure, into the blazing sun on the beach appeared Dima: stubble-cheeked, emaciated, barefoot, feet covered in abrasions, trousers frayed, empty-handed. This was an apparition!

We were numbed by the sight and the unexpectedness. Saying not a word, he promptly rushed into the sea and swam for quite a time. When he finally came out, we asked what had happened?! He replied that he came simply to tell me that the address he had given me in Bakhchisaray did not exist so we would not have been able to meet.

His friend returned to Moscow, but he didn't have the money for the bus and therefore set out on foot. He took three days in the raging heat (and this was about 70 kilometres), and spent the night in fields. Yes we were indeed flabbergasted! When we invited him to eat he refused (poverty complex) and said he had to get back as soon as possible.

Dima's arrival shocked everyone. The girls then said to me: "Well, now do you see he's in love with you?!" I was embarrassed, the nobleness of his act seared my soul. Dima's arrival resolved my doubts apropos to go or not to go; of course I decided to go. By the way, we felt ourselves quite

чувствовали себя в то время; сейчас невозможно было бы принять такое решение – кругом преступления.

Я приехала в Бахчисарай на автобусе, и Дима встречал меня на площади. Он отвёл меня к старинному дому, где снял для меня комнату на неделю, а сам он спал в саду под яблоней с разрешения хозяйки. У него не было денег на две комнаты, и он решительно отказался взять с меня деньги за мою комнату – такое необыкновенное рыцарство. Да, благородство у него было в крови – чрезвычайно притягательное качество.

Мы провели головокружительную неделю в Бахчисарае. Дима открывал для меня мир художника, мир красок, восхода и захода солнца, и древнюю мусульманскую и загадочную кудьтуру Бахчисарая. Мне было всё, всё интересно, что он показывал и рассказывал.

До встречи с ним я была совершенно далека от мира исскуства; города знала по школьной географии, и я как-то не чувствовала архитектуру: «Да, интересно», – могла подумать я и пройти мимо. Я чувствовала и любила красоту природы, а Дима начал открывать для меня красоту, содеянную, сотворённую человеком. Я *была непаханным полем*[1], и все зёрна, которые Дима кидал, давали бурные всходы. Я познавала, открывала, чувствовала. Он брал меня с собой на этюды каждый день, я сидела тихо, как мышка, и наблюдала, как работал Дима. Он был абсолютно полностью поглощён работой. Он не замечал ни палящего солнца, ни страшных колючек, которые росли повсюду и впивались в его босые ступни, когда он на них наступал.

Я чувствовала, что не могу его ни спросить о чём-то, ни разговаривать; я не могла его отвлекать. Его одержимость при творении или сотворении внушала мне глубокое

1 быть непаханным полем – colloq., uncultivated field,

safe at that time; it wouldn't be possible to make this decision now because of the crime everywhere.

I arrived in Bakhchisaray on the bus and Dima met me in the square. He took me to a traditional house where he had taken a room for me for the week, and he himself slept in the garden under the apple tree with the permission of the landlady. He didn't have the money for two rooms and firmly refused to take money from me for my room – this extraordinary chivalry. Yes, dignity was in his blood – an exceptionally attractive quality.

We spent a giddy week in Bakhchisaray. Dima opened for me the world of the artist, the world of paints, the rising and setting of the sun, and the ancient and mysterious Muslim culture of Bakhchisaray. To me, everything he pointed out and talked about was full of interest.

Until I met him I was completely distant from the world of art. I knew cities from school geography but did not somehow feel architecture: "Yes, it's interesting", I thought and passed by. I felt and loved the beauty of nature and Dima began to open up for me the beauty created by humanity. I was the unseeded field and all the grains which Dima threw gave rise to vigorous growth. I got to know, to open up, to feel. Dima took me with him to his studies every day, I sat quiet as a mouse and followed how he worked. He was absolutely totally absorbed in his work. He noticed neither the burning sun nor the thorns that grew everywhere and stuck in the soles of his bare feet when he trod on them.

I felt that I couldn't ask him about anything, or talk; I couldn't distract him. His obsession with creating engendered deep respect and admiration in me. I never before saw how

уважение и восхищение. Я никогда раньше не видела, как работают художники, и этот, мой первый опыт, открывал для меня новый мир знакомства с вдохновением.

Мне очень нравились этюды, которые Дима сделал в Бахчисарае. Я помню, что он рисовал постоянно – сидели ли мы в кафе, или в саду или в старом городе у полуразрушенного дома. Кстати, он всегда предпочитал рисовать какие-нибудь задворки, или заросшие сады, или старые покосившиеся дома. Интересно – не величественные ансамбли и дворцы, проспекты и парки, а, именно, уютные, некричащие закоулки и домушки, или скромные полевые цветы, в которых он чувствовал больше жизни и больше характера. Он сделал много карандашных набросков с меня; отдала бы много сейчас, чтобы взглянуть хоть на один из них, так дорога память об этой поездке в Бахчисарай.

Через неделю Дима возвращался в Москву, а я должна была ехать в Молдавию на сбор винограда со студентами нашего курса. Мы расстались. Дима не спросил мой адрес, и я не спросила его адрес. Я просто не могла спросить – это было бы навязчиво и нескромно по тем временам. Я, девушка, не должна была бы делать первый шаг. Такие были понятия, во всяком случае, у меня.

Но я не была влюблена, так что я об этом долго не задумывалась. Ну, разъехались и разъехались; было изумительно хорошо, а теперь новое приключение – Молдавия, сбор винограда, и, кто знает, что меня ждёт.

По-моему, никогда больше в жизни я не ела столько винограда, как в то лето – на завтрак, на обед и на ужин. Остановиться было невозможно: сладкий, пресладкий, и каждый сорт со своим ароматом. Однако мне повезло – осталась, всё-таки, в живых.

artists work and this, my first experience, opened for me the new world of acquaintance with inspiration.

I really liked the studies which Dima made in Bakhchisaray. I remember that he sketched constantly – we sat in a cafe, or in the garden or in the old city near a ruined house. By the way, it's interesting that he always preferred to paint any type of backyard, overgrown gardens or old lopsided houses rather than grand ensembles and palaces, avenues and parks – just the comfortable, unpretentious back streets and little old houses or modest wild flowers in which he felt much more life and character. He made many pencil sketches of me: I'd give a lot now to look at just one of them, such a precious memory of this trip to Bakhchisaray.

A week later Dima was going back to Moscow and I had to go to Moldova for the grape harvest with the students on our course. We parted. Dima didn't ask for my address and I didn't ask for his. I simply could not ask – it would have been pushy and immodest for those times. I could not, as a girl, make the first step. Such was the conception, in any case for me.

But I was not in love so didn't think about it for long. Well, we went our separate ways; it had been an amazingly good time, and now a new adventure – Moldova, the grape harvest, and who knows what awaits me.

I don't think I've ever eaten more grapes than that summer – for breakfast, lunch and dinner. It was impossible to stop: sweet, very sweet, and each type with its own aroma. However I was lucky and stayed alive.

VI. УНИВЕРСИТЕТ

Не обошлось без приключений. Наши студенты работали в этом колхозе ночными сторожами и однажды ночью подстрелили в ногу одного из местных жителей, которые воровали колхозный виноград. Воры собирались своровать не сумку винограда – (это никто бы и не возражал, винограда много), но нагрузить в грузовик весь виноград, который мы, сотня студентов, собрали за день. Это были сотни и сотни корзин. Это была открытая наглость.

В темноте ребята наши стреляли из ружей, и хорошо, что попали только в ногу и спугнули воров. Если бы они убили кого-то, это была бы катастрофа. В общем, хорошо, что наше время в Молдавии подходило к концу. После этого случая отношения с местным населением испортились, и мы боялись ходить на танцы в местный клуб. Нас предупредили, что наших ребят могут избить местные парни; и это всё из-за того, что ворам не удалось своровать грузовик винограда. Там была какая-то своя местная банда, словом очень сложные отношения...

В середине сентября мы вернулись в университет. Был октябрь, второй год учёбы. Этот год начался для меня не совсем удачно, несмотря на потрясающий летний отдых. Я заболела. Я лежала в общежитии университета вот уже две недели, и за мной ухаживали девочки из нашей комнаты (мы уже жили не с козой, а в другом общежитии, в Москве).

И вот, однажды вечером, дверь отворилась, и в комнату вошёл... Дима! Это было, как в бухте «Весёлое» – неожиданно и чудесно! От изумления я не могла говорить какое-то время. А он сказал без всякого объяснения: «Я принёс тебе горячие, вкусные пирожки, мама испекла... ешь, тебе необходимо поправиться».

VI.   UNIVERSITY

We didn't get by without adventures. Our students worked on the *kolhoz* as night watchmen, and one night shot one of the local residents in the leg as they were stealing the farm grapes at night. The thieves intended to steal not just a sack of grapes (no-one objected to this, there were masses of them), but to load into a truck all the grapes which we, hundreds of students, had gathered during the day. There were hundreds and hundreds of baskets. This was blatant effrontery.

In the darkness our lads fired off guns and it was good that they hit only a leg and frightened off the thieves. Had they killed someone it would have been a catastrophe. On the whole, it was as well that our time in Moldova was coming to an end. After this incident the relationship with the local inhabitants was spoilt and we were afraid to walk to dances at the local club. They warned us that the local fellows could beat up our boys and this all because the thieves didn't succeed in stealing the truckload of grapes. It was a local gang and, in a word, relations were complicated.

In mid-September we returned to university. It was October of the second academic year. The year didn't begin very well for me despite the fantastic summer holiday. I got ill. I'd already been lying in the university hostel for two weeks and the girls from our room were looking after me. (We were by now living not with the goat but in another hostel, in Moscow.)

One evening the door opened, and into the room came… Dima! This was – as at Vesyoloye on the bay – unexpected and miraculous! I couldn't speak for some time from astonishment. But he said without any explanation: "I've brought you some hot, tasty pies, Mum baked them… eat, it's essential that you get well".

VI.   УНИВЕРСИТЕТ

У меня из глаз брызнули слёзы – это была забота и доброта ангела. Он захотел и разыскал меня в Москве, зная только университет, в котором я училась, и узнал каким-то образом, что я была больна! От Димы пахло красками и пиненом, его знакомый запах по Бахчисараю. У меня от всего закружилась голова, и, не знаю как, мы поцеловались в первый раз. Не буду описывать первый поцелуй – первое соприкосновение губ – это свято, это на всю жизнь неистребимый аромат первого чувства.

Девочки мои к тому времени тактично покинули комнату. Мы были одни. И опять взгляд и синь его глаз пронизала меня насквозь. В его глазах было столько открытости, чувства и любви, которые я никогда не встречала в ком-либо прежде. Теперь уже могу сказать – никогда не встречала в *ком-либо*[1] ещё за всю свою жизнь.

Это был Дима – художник, загадочный, скромный и благородный, который распахнул передо мною дверь в неведомый мне *дотоле*[2] мир искусства и мук творчества. С ним я познала упоение, счастье, возвышенность и глубину чувства. Теперь-то я знала каждой клеточкой моего сердца, *что* я для него значу.

Он стал приходить каждый день, то с пирожками, то с цветами и каждый раз окатывал меня пронизывающей синью глаз, от чего сердце мое замирало и проваливалось куда-то. Пишу и чувствую его взгляд и сейчас. Чистые души навсегда остаются с нами; они, как ангелы-хранители, всегда рядом, посылают тебе путеводный свет и помощь.

Я поправилась вскоре, и мы проводили почти все вечера вместе. Он познакомил меня со своими друзьями

1 ком-либо – in anyone, from кто-либо
2 дотоле - before

VI. UNIVERSITY

The tears gushed from my eyes – this was the care and kindness of an angel. He was searching for me and found me in Moscow knowing only the university at which I studied, and had somehow discovered that I was ill! Dima smelt of paint and turpentine, his familiar smell at Bakhchisaray. My head swam from all this and, I don't know how, we kissed for the first time. I won't describe the first kiss – the first touch of lips – the sacred, lifelong, enduring aroma of the first feeling.

My girlfriends by that time had tactfully left the room. We were alone. And again the gaze and the blue of his eyes pierced right through me. In his eyes was so much openness, feeling and love which I had never met in anyone before. Now I can say I have never met it in anyone else in all my life.

It was Dima – artist, mysterious, modest and noble, who threw wide open before me the door to the world of art and torment of creativity, hitherto unknown to me. With him I got to know ecstasy, happiness, the sublime, and depth of feeling. Now I knew with each cell of my heart just what I meant to him.

He began to come every day now, either with pies or flowers, and each time flooded me with the penetrating blue of his eyes, from which my heart sank and fell through to somewhere. I feel his gaze now even as I write. Pure souls remain with us forever; they are always beside you like guardian angels, sending a guiding light and help.

I got well soon and we went out together almost every evening. He introduced me to his friends – poets, writers and

– поэтоми, писателями и другими художниками – так началась моя богемная жизнь. Так Дима вошёл в мою жизнь, стал частью моей жизни, а впоследствии и частью меня самой.

Я вернусь к этой судьбоносной встрече в «Весёлом» несколько позднее. А пока, я хотела бы рассказать о нашей университетской жизни немного больше.

3. Походы

«О, золотые времена,
где взор смелей и сердце чище!»
Марина Цветаева

Мне сейчас это самой кажется странно, что я вспоминаю университет не потому, что было трудно учиться. Приходилось заниматься много, очень много – с самого утра и до вечера перед экзаменационной сессией; и не из-за десятка экзаменов, когда ты проводила «сорокачасовую атаку» на предмет с последующей «двухчасовой дрожью» в коридоре перед аудиторией – нет! И даже не страшное облегчение и радость, когда сдавала очередной экзамен и было несколько часов, чтобы расслабиться перед следующим экзаменом – опять же, нет!

Я вспоминаю гораздо больше выходные дни, когда мы, группа студентов, сбегали из города на природу, на чистый воздух, в обьятия природы, чтобы стряхнуть с себя напряжение учёбы и городскую суету.

Была ли то осень, зима или весна, мы всегда находили интересные маршруты, и, нагружённые рюкзаками под двадцать киллограмм, отправлялись навстречу приключениям.

fellow artists – and so began my bohemian life. Thus Dima entered my life, became part of my life, and subsequently part of me.

I will return to this fateful encounter at Vesyoloye somewhat later. But for now I would like to describe our university life somewhat more.

3. Camping trips

"O golden times
when the glance is bolder and the heart purer!"
Marina Tsvetaeva

It seems strange to me now that it is not for the difficulty of the studies that I remember university – for it was sometimes necessary to be very, even extremely busy, from morning to late evening before the examination session. And not either because of the ten or so exams, when you carried out a forty-hour blitz on the subject with subsequent two-hour trembling in the corridor in front of the lecture hall. No! And not even for the great relief and joy when you passed that exam and there were several hours to relax before the next one. Again no!

I remember more by far the weekends, when our student group took off from the city to the countryside, clean air and the embrace of nature, so as to shake off the stress of studying and urban bustle.

Whether it was autumn, winter or spring we always found interesting routes and, loaded with rucksacks of about twenty kilos, we moved off in search of adventure.

VI.   УНИВЕРСИТЕТ

Особенно запомнились мне зимние походы, когда мы должны были устроиться на ночлег в палатке на снегу и весенние, когда мы путешествовали на байдарках по разлившимся в весеннем паводке рекам.

Но в любое время года и в каждом походе с нами был наш любимчик-гитарист и певец, Володя. Нам необыкновенно повезло, что среди нас был такой талантливый однокурсник. Как же он пел!

После ужина, который мы готовили, конечно же, на костре, мы рассаживались вокруг него; толстые поленья потрескивали и отдавали много тепла без дыма. После многочасового перехода с тяжёлыми рюкзаками и сытного горячего ужина, было невероятно уютно и сладостно растянуться уставшим и ноющим телом около костра и слушать, слушать бардовские песни. Володя играл на гитаре и пел; он знал невероятное количество песен.

Он пел обо всём на свете: о любви, о чувствах, о мужестве, дружбе – одним словом, о жизни. У него был необыкновенный голос, у него было настоящее дарование, и никто из нас не уходил спать в палатку прежде него. Никто не хотел пропустить его задушевного пения, он завораживал всех.

Для меня это было опять, как в детстве: ночь, костёр; разговоры и песни под гитару заставляли тебя задумываться о жизни, и появлялось ощущение слияния с природой, которое как бы дарило тебе внутреннюю силу. Мы не пили водку или другое спиртное – природа пьянила нас! Природа – волшебница! Она уносила все твои беспокойства, она утишала все твои горести, она укрепляла твой дух и тело. Она наполняла тебя радостью бытия и сознанием причастности к великой и бесконечной жизни.

VI. UNIVERSITY

Especially memorable for me were the winter walks, when we had to organise lodging for the night in a tent on the snow, and spring walks when we used to travel by kayak along the overflowing rivers in the spring flood.

But at any time of year and on every walk, our favourite guitarist and singer, Volodya, was with us. We were extremely lucky to have among us such a talented classmate. And how he could sing!

After supper, which we cooked of course on the bonfire, we used to sit round; thick logs crackled and gave off a lot of heat without smoke. After a passage of many hours with heavy rucksacks, and a substantial hot supper, it was unbelievably comfortable and pleasurable to stretch out our tired and aching bodies around the bonfire and listen to Bard songs. Volodya played the guitar and sang; he knew an unbelievable number of songs.

He sang about everything under the sun: about love, about feelings, about courage, about friendship – in a word, about life. He had an extraordinary voice, he had genuine talent, and not one of us departed to the tent to sleep before him. No-one wanted to miss his heartfelt singing, it cast a spell on us all.

For me this was like childhood again: night, bonfire; conversations and songs with the guitar forced you to ponder about life, and one had the sensation of being part of nature, as though it gave you inner strength. We weren't drinking vodka or any other alcoholic spirits – we were intoxicated by nature! Nature – enchantress! It took away all your worries, consoled you in all your misfortunes, strengthened your body and spirit. It filled you with the joy of being and with the consciousness of being a part of that great and infinite life.

VI. УНИВЕРСИТЕТ

Такие посиделки у костра затягивались часто далеко за полночь. Я узнала позже, что после университета Володя поступил в музыкальный институт – ничего удивительного, я думаю, что вокал и было его призвание.

Мы исходили не одну сотню километров по лесам и полям за пять с половиной лет в университете, и группа наша, начиная с первого года, не рассыпалась, а напротив всё увеличивалась. Популярность наших походов росла. Энтузиастов слиться с природой, проверить свою выносливость и стряхнуть напряжение занятий становилось с каждым годом всё больше. И из семи/ восьми первых любителей природы мы выросли в университетский клуб туристов.

Весной и летом мы часто плавали на байдарках – тоже восхитительное удовольствие. Вспоминаю один случай, когда ранней весной, сразу после ледохода, мы поплыли не на байдарках, а на плотах. Желающих было много, а лодок на всех не хватало, ну, мы и решили поплыть на плотах вниз по реке.

Был период весеннего половодья. В России реки весной разливаются и становятся в три/ четыре раза шире своей обычной ширины. Это происходит из-за того, что под весенним солнцем весь снег тает очень быстро, почва не успевает впитывать весь тающий снег, и все ручейки, ручьи и талая вода – всё течет в реку, и река разливается. Это половодье длится неделю, а то и десять дней; река несёт свои воды в море и, избавившись от лишней, непривычной для неё воды, входит в своё русло.

Мы приехали на выбранную реку в пятницу вечером. Как обычно, приготовили ужин, разбили палатки. В этот вечер мы пошли спать рано, потому что утром надо было

VI.   UNIVERSITY

Such gatherings round the fire frequently went on long after midnight. I learned later that after university Volodya entered the musical institute – nothing surprising there, I think; singing was his vocation.

We covered not a few hundred kilometres in the woods and fields during five and a half years at university, and our group, starting in the first year, didn't disperse but on the contrary increased. The popularity of our walks grew. Those enthusiastic to merge with nature, prove their endurance and shake off the stress of their occupations, became more with each year. And from seven or eight initial nature-lovers we grew into the university touring club.

In spring and summer we frequently went kayaking – also a delightful pleasure. I recall one occasion when in early spring, immediately after the ice breakup, we floated not on kayaks but on rafts. There was great demand but not enough boats for all, so we decided to float downriver on rafts.

It was the period of spring *polovodya¹*. In Russia the rivers in spring spill over and become three or four times wider than usual. This happens because under the spring sun all the snow melts very rapidly, the soil does not manage to absorb all the melted snow, all the brooks, streams and meltwater flow into the river, and the river overflows. This flooding lasts for a week or ten days; the river carries its waters to the sea and having got rid of the excess, uncustomary water, returns to its bed.

We arrived at the chosen river on Friday evening. As usual, we made supper and put up the tents. We went to sleep early this evening because in the morning we had to get up earlier

1   flood

109

VI. УНИВЕРСИТЕТ

Boating on the river, 1967

встать пораньше и начать вязать плоты. Сначала нужно было срубить несколько деревьев для плотов. Это была довольно тяжёлая работа – у ребят были только топоры, а деревья должны были быть довольно толстые.

Мы, девчонки, помогали как могли – удаляли ветки со стволов и должны были приготовить много лыка для вязания плотов. Но, наконец, к полудню были готовы два плота: один *большущий*[1], где разместилось человек двенадцать, плюс палатка, плюс все рюкзаки, и ещё один – маленький на двух человек.

Этот плот был разведывательный. Он был лёгкий, подвижный и должен был плыть впереди и определять главное русло реки. Дело в том, что когда реки разливаются, часто бывает трудно определить, где истинное русло – кругом вода. Но, если отойти от главного русла, тогда вода будет стоячая, нет течения и плот никуда не поплывёт.

1 большуший – colloq., huge

Escape to the countryside

and to start to assemble rafts. First one had to fell several trees for the rafts. This was quite hard work – the boys only had axes and the trees had to be quite thick.

We girls helped where we could: we removed the branches from the trunks and had to get ready lots of rope fibre for binding the rafts. But two rafts were finally ready by noon: one huge, accommodating about twelve people plus tent plus all the rucksacks, and another small one for two people.

This raft was for reconnaissance. It was light, mobile and had to sail in front and determine the main bed of the river. The fact is that when rivers overflow, it's frequently difficult to determine where is the main channel under water. But if we go outside the main channel then the water is still, there is no current and the raft goes nowhere.

VI.   УНИВЕРСИТЕТ

Я вызвалась плыть на этом маленьком «плоте-разведчике». Нас было двое. Слава, лидер нашей группы и я. По какой-то неведомой мне доселе причине, я всегда хотела быть там, где труднее, там, где больше риска. Может быть и глупо, но такова уж моя натура.

Итак, мы отправились в наше плавание впереди большого, основного плота. Наш плот был слишком лёгкий и, довольно, неустойчивый, и нам приходилось *крутиться-вертеться*,[1] как говорится, чтобы сохранять равновесие.

Обычно, течение реки в паводок ленивое, река ведь становится очень широкая. Однако, бывают участки, особенно у берега, где по каким-то подводным причинам, река вдруг образует водовороты. Течение вдруг становится опасным, стремительным, и здесь уж *не зевай*[2]. Надо очень умело работать шестами, чтобы плот не закрутило в водовороте, где он неминуемо потерял бы равновесие и пошёл бы ко дну. К сожалению, с нами случилось, именно, это.

После трёх или четырех часов сплавления по реке, когда мы были уже довольно уставшие от постоянного напряжения сохранять равновесие, нас вдруг подхватило быстрое течение и понесло к крутому берегу. Мы видели опасные «завихрения» на воде-водовороты, которых мы всеми силами старались избегать. Времени обсуждать, что делать, и как делать абсолютно не было. Мы должны были, как-то инстинктивно и, согласовано притом, работать шестами, чтобы удержать плот на поверхности и не дать ему войти в водоворот.

Но, мы оказались слабее этой гибельной подводной воронки. Нас начало затягивать в воронку, и один угол

1 крутиться-вертеться – colloq., to be quick; to twist and twirl
2 не зевай – colloq., be aware and react fast

VI.   UNIVERSITY

I volunteered to sail on this small scout raft. There were two of us: Slava, the group leader, and me. Somehow up to now for some unknown reason I always wanted to be where things were more difficult and risky. This may be stupid but such is my nature.

Thus, we sailed off in front of the large basic raft. Our raft was too light and quite unstable and we needed to twist and twirl, as they say, so as to keep balanced.

Usually the river flow in the flood season is lazy, indeed the river spreads itself very wide. However there are sections, especially by the banks, where, caused by something under water, the river suddenly forms whirlpools. The current suddenly becomes dangerously swift, and here you must have your wits about you[1]. You have to work very skilfully with poles so that the raft doesn't get caught in the whirlpool where it would inevitably lose balance and go to the bottom. Unfortunately this is precisely what happened to us.

After three or four hours of rafting down the river when we were already quite tired from the constant strain of keeping balance, a swift current suddenly caught us and carried us to the steep shore. We saw dangerous turbulence on the water – whirlpools – which we tried with all our might to avoid. There was absolutely no time to discuss what to do and how to do it. We had to somehow instinctively coordinate to punt so as to keep the raft on the surface and not let it go into the whirlpool.

However we turned out to be weaker than this disastrous underwater funnel. It began to drag us into the funnel and

1   In Russian 'you don't yawn'!

плота уже уходил под воду, мы потеряли равновесие, и через секунду, другую мы оказались в воде.

Только что сошёл лёд, температура воды плюс четыре градуса. Три-четыре килограммов твоей тёплой одежды сразу превратились в надёжный якорь, который потянул тебя на дно. Слава как-то добрался до берега, а меня подхватило быстрое течение. Я помню, что страха не было, но и возможности помочь себе – тоже никакой. Я попробовала один раз взмахнуть рукой, вроде как поплыть, но меня тут же отнесло в сторону подальше от берега, и я захлебнулась. «Ну»,– думаю я себе: «Я..., я тону! Но, это просто не может быть! Это невероятно!» Я не верила в свою гибель даже на секунду.

Меня несло по течению, как какой-то бесформенный мешок. Я помню серое небо, и крики ребят на берегу, которые бежали вслед за мной. Всё происходило невероятно быстро и, как-будто, не со мной. Я повторюсь, я не испугалась. До сих пор не понимаю – почему? Может, в экстремальной ситуации организм отметает эту эмоцию, как бесполезную, и старается использовать весь духовный и физический потенциал, чтобы из-бежать гибели? В любом случае, судьба оказалась ко мне благосклонна, и меня спасло чудо. На пути моего беспомощного барахтанья в стремительном течении оказалась огромная коряга, зацепившаяся корнями за дно. Меня занесло прямо в эту спасительную корягу; я в ней застряла, я не утонула! Однако, жизнь моя зависела сейчас от моих друзей.

Наш лидер, не теряя ни секунды, разделся и бросился в ледяную воду. Он взял меня *за шиворот*[1] одной рукой, и ему нужно было преодолеть несколько метров стремительного течения до спасительного шеста,

---

1   за шиворот – colloq., by the scruff of the neck, collar

one corner of the raft had already gone under water, we lost balance, and in a second or two we were in the water.

With ice just gone and a water temperature of plus four degrees, three or four kilos of warm clothing immediately became effectively an anchor which dragged you to the bottom. Slava somehow reached the bank and I was caught by the swift current. I remember that there was no fear but nor was there any possibility of helping oneself. I tried once to move a hand so as to swim but it carried me further from the shore and I choked. "Well", I thought to myself: "I'm drowning!". "But, this simply cannot be! It's incredible!" I didn't believe this was the end of me even for a second.

I was carried with the flow like a sort of shapeless bag. I remember grey sky and the shouts of my fellows on the shore who ran after me. Everything was happening unbelievably fast and as though it was not to me. I repeat, I wasn't petrified. I still don't understand why. Maybe in extreme situations the organism sweeps this emotion aside as useless, and endeavours to use its entire spiritual and physical powers so as to avoid death? In any event, fate was kind to me, and a miracle saved me. In the path of my helpless floundering in the swift current proved to be an enormous tree stump, rooted to the bottom. I was carried straight into this redeeming stump, I stuck in it, I did not sink! However, my life now depended on my friends.

Our leader, not losing a second, undressed and rushed into the icy water. He took me by the collar with one hand, and then had to overcome several metres of swift current to a rescue pole, which the others extended to us from the shore.

который ребята протягивали нам с берега. Он сделал это! Абсолютный герой, конечно! Он рисковал своей жизнью, но, не раздумывая, спасал меня!

Тем временем подплыл основной плот, и у нас была вынужденная стоянка. Меня всю трясло от холода и шока. Слава велел мне залезть в палатку и *раздеться донага*[1]. Я слушалась его беспрекословно, несмотря на то, что я никогда прежде не обнажала себя ни перед кем. Но в этой отчаянной ситуации я верила каждому его слову и его быстрым действиям. Он растёр всё моё тело спиртом, дал мне выпить сто грамм чистого спирта, сделал то же самое сам и велел мне залезть в пуховый спальник; он залез в тот же самый спальник. Когда он застегнул спальник, мы оказались тесно прижаты друг к другу, и это горячее тепло обнажённых тел, натёртых спиртом, работало как сауна, прогревая нас до костей. Чистый спирт – 98 градусов обжёг мне горло и унёс меня в забытьё. Мы проснулись только на следующее утро. Мы проспали часов 12 или более того.

Слава и я, мы не заболели воспалением лёгких и даже простудой, что было абсолютно невероятно с медицинской точки зрения. Это исключительно благодаря его быстрым и жизнеспасительным, безошибочным действиям. Слава – лидер, настоящий лидер и герой!

Однако, он не любил вспоминать об этом и не считал себя героем. Он сказал, что любой из нашей группы сделал бы то же самое, просто он был ближе всех к месту происшествия. Но, вы же понимаете, он просто удивительно скромный человек, и я обязана нашему Славе жизнью. Такие поступки учат многому, они навсегда оставляют след в твоей душе.

1   раздеться донага – undress completely, strip to the buff

He made it! Absolute hero, of course! He risked his life, and without a moment's thought, rescued me!

The basic raft meanwhile sailed up and we had a forced stop. I shook all over from cold and shock. Now Slava ordered me to climb up into the tent and undress stark naked. I obeyed him implicitly despite the fact that I'd never before bared myself in front of anyone but in this desperate situation I trusted his words and quick action. He rubbed my body all over with spirit, gave me a hundred grams of pure spirit to drink, did the same himself, and ordered me to climb into a downy sleeping bag; he got in as well. When he buttoned up the sleeping bag we were tightly held against each other. The heat of the bare bodies rubbed by alcohol acted like a sauna, warming us through to the bone. The pure spirit – 98 percent – burned my throat and took me to oblivion. We awoke only the following morning. We'd slept for 12 hours or more.

Slava and I didn't catch pneumonia or even cold, which is absolutely incredible from a medical point of view, but this was exceptional thanks to his swift, precise and lifesaving action. Slava – our leader, a real leader and hero!

However, he didn't like to be reminded of this and didn't consider himself a hero. He said that any of our group would have done the same, he was simply closer than anyone to the place where it happened. But, you understand, he was just an amazingly modest person and I'm indebted to our Slava for life. Such traits teach us much, they leave a trace forever in your soul

VI. УНИВЕРСИТЕТ

4. Студенческие отряды

Ещё вспоминаются мне *студенческие отряды* из нашей студенческой жизни. Студенческие отряды – это было особое движение в Советском Союзе.

Когда мы учились в школе, мы помогали колхозам, а теперь, в университете, мы тоже должны были помогать колхозам или участвовать в каких-нибудь новостройках. Вы, может, скажете: «Какая чушь?!» Однако, я думаю, в этом была своя логика.

Мы ведь учились бесплатно; государство студентам платило стипендию и поскольку, большинство молодёжи стремилось получить высшее образование (спасибо школе), то рабочих рук не хватало по всей стране и, особенно, их не хватало в колхозах. Поэтому был такой призыв правительства – помочь сельскому хозяйству.

Так что, нас, студентов, отправляли на месяц на различные работы. Не помню, чтобы кто-нибудь возражал. Летние каникулы у нас были длинные – десять недель, и провести месяц вместе в каком-нибудь отдалённом уголке России было, можно сказать, приключением. Мы этого даже ждали.

После каждого академического года в университете, после сдачи всех экзаменов мы отправлялись в «ссылку-приключение». Нам выдавали рабочую форму студенческого отряда, которая, кстати, выглядела очень прилично: плотная рубашка-гимнастёрка и брюки цвета хаки. Мы все выглядели «зелёненькие», как солдаты в увольнении. Мне нравилась эта форма, и я часто, почти всегда, носила её в университете. Денег на новую одежду не было, и эта форма выручала. Мы как-то не были *зациклены*[1] на моде – ещё со школы мы все знали, что

---

1 зациклиться – colloq., to get stuck (on)

118

4. Student Brigades

Memories of Student Brigades from our student life still come back to me. Student Brigades were a special movement in the Soviet Union.

While studying at school we used to help out on collective farms and now, at university, we also had to help collective farms or participate in any new construction. You may be thinking "What a waste of time!", but I think there was a logic to this.

We actually studied free of charge; the state paid an allowance to students and since the majority of young people tried to get higher education (thanks to school), there were not sufficient working hands in the entire country and especially not sufficient on the collective farms. There was therefore a call from government – help agriculture.

Thus we students were sent for a month to different projects. I don't remember anyone objecting. Summer vacations were long – ten weeks – and to spend a month together in some remote corner of Russia was, one could say, an adventure. We actually looked forward to it.

After each academic year at the university, on completion of all the examinations we left for the 'adventure in exile'. They issued us with the working uniform of the student brigade which, by the way, looked rather fine: thick cotton field shirt and trousers, khaki coloured. We all looked greenish like discharged soldiers. I liked this uniform and frequently, or nearly always, wore it at university. There was no money for new clothing and the uniform came to the rescue. We were not in any way slaves to fashion – still we all knew from

интересоваться исключительно материальными вещами (*тряпками*[1], как мы говорили) значило быть «на низком уровне духовного развития» – недостойно! Как видите у нас (во всяком случае у меня) была хорошая причина выглядеть более, чем скромно.

Итак, в тот год – это после второго курса нас отправили на Можайское море (в сущности – это было огромное водохранилище) строить новый коровник для колхоза. Нас разместили в двух больших бараках; в одном бараке – девушки, в другом – мужская половина. Всего нас было около ста студентов, в каждом бараке примерно по пятьдесят человек. Условия в бараках были, примерно, как у коров, то есть никаких. Туалет в виде малюсенькой кабины с дыркой находился на улице, в отдалении, и всего два на все сто человек. Ни ванной, ни душа, конечно же, не было; мы умывались на улице из шланга. Вы думаете, кто-нибудь роптал? Ничего подобного! Мы сразу принялись устраиваться в нашем новом жилище: набивать матерчатые мешки соломой и решать, кто с кем по соседству будет спать, чтобы делиться секретами по ночам. Дверь из барака выходила прямо на берег нашего моря, противоположного берега не было видно – настоящее море, настоящая романтика! Нам пока всё нравилось. Итак, наутро – наш первый рабочий день в чистом поле.

Нас разбудили в шесть часов! Это был первый удар по нашему романтическому настроению. Люди, занятые в сельском хозяйстве, то есть колхозники, всегда встают очень рано – в четыре утра. Нам, можно сказать, повезло – нас разбудили в шесть. Но для нас для всех – это было очень рано. В первый день нашего приезда мы провели большую часть ночи, отмечая наше прибытие, и пошли спать очень поздно. После двух, трёх часов сна подняться

1   тряпки – colloq., clothes (literally cloth)

school that to be interested in exclusively material things (in rags, as we used to say) meant to be "at a low level of spiritual development" and unworthy! So you can see, it was a good reason for us (in any case for me) to look very unpretentious.

Thus that year – after the second course – they sent us to the Mozhaisk sea (actually a huge reservoir) to build a new cow shed for the collective farm. They put us in two large barracks; girls in one, men in the other. In all there were about a hundred students, about fifty people per barrack. Conditions in the barracks were roughly as for the cows, that is, none. The toilet, in the form of a tiny cabin with a hole, was located outside in the distance, and two to all the hundred people. No bath or shower of course; we washed outside under a hosepipe. Do you think anyone grumbled? Nothing of the sort! We immediately started to organize ourselves in our new dwelling: filling cloth bags with straw and deciding whom to sleep next to so as to share secrets at night. The door from the barracks led straight to the shore of our sea, the opposite shore wasn't visible – a real sea, real romance! Thus far, everyone was pleased. So, in the morning – our first working day in the open field.

They woke us at six! This was the first impact on our romantic mood. People occupied in agriculture, like collective farmers, always rise very early – at four in the morning. We were lucky, one could say, to be woken at six. But for us, all of us, this was very early. During the first day on arrival we spent a large part of the night celebrating our arrival and went to sleep very late. After two or three hours sleep it was

было практически невозможно. После нескольких неудачных попыток разбудить нас цивилизованным способом наш старший бригадир потерял всякую надежду и, в конце концов, окатил нас всех холодной водой из шланга. Мы вскочили, заорали, завизжали и понеслись к морю. Купание в море взбодрило нас и окончательно прогнало сон; после этого мы стали плавать каждое утро перед работой – это заряжало тебя бодростью на весь день.

Строители мы были, конечно, *никудышние*[1]. В самом деле, никто из нас раньше ничего не строил, и поэтому мы сначала начали учиться, как класть кирпичи и, как замесить раствор. В первые дни было много смеха, потому что многие образцы наших кирпичных стенок выглядели так, как будто их строили пьяные: они извивались и отклонялись от вертикали, как от сильного ветра. Коровам явно угрожала бы опасность от нашего им подарка. Но уже через несколько дней у нас появились кое-какие навыки, и лучшие из нас уже были допущены к возведению настоящих стен коровника. А те, которые всё ещё не могли сложить ровный образец, эти – были на *чёрной работе*[2], они подносили кирпичи и замешивали раствор. Мы же чувствовали себя почти настоящими строителями.

В обед румяные, молодые девушки колхозницы привозили для нас парное вкуснейшее коровье молоко и свежеиспечённый в местной пекарне хлеб. Ох, до чего же был вкусен этот простой деревенский обед! Мы сидели на траве, пили тёплое ешё, прямо из-под коровы, молоко и поглядывали на свою работу. Я помню, было

1 никудышние – colloq., good for nothing
2 чёрная работа – colloq., hard labour, slave labour

practically impossible to wake us. After several unsuccessful attempts to wake us in a civilized manner our brigade leader abandoned hope and in the end poured cold water from the hose on us all. We jumped, began to bawl and squeal and ran down to the sea. Bathing in the sea refreshed us and finally banished sleep; after this, we swam every morning before work – this charged you with good cheer for the entire day.

As builders we were, of course, good for nothing. In fact not one of us had ever built anything, and therefore we began to learn first how to lay bricks and how to mix mortar. During the first days there was much laughter because many models of our brick walls looked as if built by drunkards: they were twisted and deviated from the vertical as though from high winds. Our gift to the cows would clearly threaten them with danger. But already after several days, skills appeared, and the best of us were approved for the erection of the actual walls of the cow shed. As for those who still couldn't assemble a good model, they were on manual labour[1] – they brought the bricks and mixed mortar. We felt ourselves almost to be real builders.

At dinner the rosy young girls of the collective farm brought us the tastiest fresh cows' milk and newly baked bread from the local bakery. Oh how tasty was this simple rural meal! We sat on the grass, drank still-warm milk straight from the cow and gazed at our work. I remember there was a good

1   Russian says 'black work'

хорошее чувство удовлетворения; ты что-то сделал, что-то полезное и нужное; вот она стенка – растёт прямо на глазах.

Коровы – «наши клиенты» паслись неподалёку, иногда мычали, и во всём этом было столько покоя и сельской прелести, что жизнь ощущалась, как хороший подарок, и было радостно, что ты пришла в этот мир.

Через месяц наш коровник был готов, вернее, мы возвели стены – хорошо получилось. Колхозники нас от души благодарили, и мы тоже чувствовали, что этот месяц мы не даром пили колхозное молоко. Почти всем нам понравились такие трудовые каникулы: была не только работа, но и вечера у моря. Песни, гитара, мы лучше узнали друг друга, а некоторые сдружились так, что и поженились позже – мы отпраздновали шесть студенческих свадьб после нашего трудового отдыха.

Таким вот образом, студенты помогали государству в обмен на бесплатное образование в университете, но это было весело и не тяжело.

Училась я хорошо и все годы получала повышенную стипендию. Для меня это было очень важно – получать дополнительно 25 рублей в месяц, так как мама не могла мне помочь материально, и мне нужно было рассчитывать только на себя. Помню, на зиму я связала себе два свитера и юбку, мама сшила мне зимнее пальто, а когда было теплее я носила в основном форму студенческого отряда. Вот и весь гардероб студентки.

Правда, у меня были потрясающие зимние сапоги, которые я сшила себе сама из маминой шубы. Пришлось разрезать всю шикарную шубу на куски. Это было,

feeling of satisfaction; you had made something, something useful and necessary, here was the wall – growing right before your eyes.

The cows – our clients – were grazing nearby; sometimes they mooed and in all this was so much peace and rural charm that life felt like a good gift and it was a joy that one had come into this world.

After a month our cow shed was finished, or rather we had erected the walls – it came out well. The collective farmers thanked us from their souls and we also felt that this month we hadn't drunk the farm's milk free of charge. These working vacations pleased almost all of us: there was not only work but also evenings by the sea; singing, guitar, we got to know each other better and several became such good friends that they later married – we celebrated six student weddings after our working holiday.

In this way students helped the state in exchange for free education at university, but this was fun and not difficult.

I studied well and every year got an increased allowance. For me this was very important – to get an additional 25 rubles per month – since Mama could not help me financially and I had to fend for myself. I remember in the winter I knitted two sweaters and a skirt. Mama sewed a winter coat for me, and when it was warmer I wore the uniform of the student brigade. This was my entire student wardrobe.

True, I had amazing winter boots which I sewed myself from Mama's fur coat. It was necessary to cut the entire elegant coat into pieces. This was of course a crime but

конечно, преступление, но мама, когда узнала об этом, только покачала головой – она видела, как мне хочется хоть немного приодеться и щегольнуть. Не было денег, чтобы купить новые сапоги, а у мамы было две шубы.

Сапоги получились и в самом деле шикарные; я помню, как меня часто останавливали в метро девушки и спрашивали, где я купила такие красивые сапоги.

Мне завидовали все девчонки с нашего курса и я поверила в свою изобретательность. У нас есть такая пословица: *«Голь на выдумки хитра»*[1]. И это на самом деле так; когда у тебя нет чего-то, что тебе очень хочется, тебя всегда выручает твоя фантазия и упорство.

5. Диплом

> «Он грыз гранит, не жалея ни зубов,
> ни гранита».
>
> Аркадий и Борис Стругацкие

Последний шестой год в университете был годом прохождения практики в исследовательском институте и защиты диплома. Это был самый трудный, важный, но и самый интересный год. Нужно было сделать проект и потом защитить сго перед комиссией.

Это была первая, совершенно самостоятельная и ответственная работа. От качества и оценки проекта зависело твоё распределение. Тебя могли послать в одну из лучших фирм, если проект хороший, а могли послать в какой-нибудь другой город, и не в самую лучшую организацию, если проект слабый. Нужно было

1 «голь на выдумки хитра» – necessity is the mother of invention

Mama, when she found out about it, only shook her head – she saw I just wanted to dress up a bit and show off. There was no money to purchase new boots but Mama had two fur coats.

The boots actually turned out to be smashing; I remember girls frequently used to stop me in the metro and ask where I bought such beautiful boots.

All the girls from our course envied me and I began to believe in my own resourcefulness. We have this proverb: 'Necessity is the mother of invention'. This means in reality: when you don't have something which you want badly, your imagination and perseverance come to the rescue.

5. Graduation

"He gnaws granite, sparing neither
his teeth nor the granite."

Arkady & Boris Strugatski

The sixth and last year at university was a practical year in a research institute, leading to the defence and assessment of the degree. This was the most difficult and important year, but also the most interesting. You had to do a project and then defend it before a committee.

This was the first completely independent and responsible job. Your placement depended on the quality and grade of your project. You could be sent to one of the best companies if your project was good, or to another town and a rather less

постараться, *выложиться*[1], так как от этого зависело твоё будущее.

Мой проект лежал в сфере оптико-электронного приборостроения. Я работала очень много, часто, до изнеможения. Когда ложилась спать в голове всё прокручивались разные варианты и приходили разные решения той или иной проблемы. Я была совершенно захвачена своей дипломной работой; было трудно, но интересно. Я не думала о том, чтобы непременно получить диплом с отличием, но я хотела, чтобы комиссия заинтересовалась бы моим проектом, и, больше того, чтобы моя работа нашла бы практическое применение в научном институте, где я проходила практику.

Могу сказать, что защита прошла блестяще, и я получила одно из лучших распределений на курсе.

Я чувствовала величайшее удовлетворение. Тяжёлый труд был вознаграждён. Я была, как мы говорим, – «На седьмом небе!» Жизнь улыбалась мне! Завершилась ещё одна фаза моего, можно сказать, ничем не омрачённого бытия. Вперед, мой караблик, во взрослую жизнь! Мечты были моими парусами, и я отправилась в неизведанный и притягательный океан жизни.

1 выложиться – colloq., to work hard

good company if your project was weak. You therefore had to do your level best as your future depended on it.

My project was to do with optoelectronic equipment. I worked very hard, often to exhaustion. When I went to bed all the different possibilities turned over in my head and different solutions to one or other problem emerged. I was completely captivated by my diploma work; it was difficult but interesting. I didn't think about obtaining a diploma with top honours at all costs but wanted the committee to be interested in my project and, most of all, for my project to find a practical purpose in the scientific institute where I had done my practice.

I can say the presentation went brilliantly and I gained one of the best placements on my course.

I felt huge satisfaction. Hard work had been rewarded. I was, as we say, 'in the seventh heaven'! Life was smiling at me! I had completed another stage of my, one might say, untroubled existence. Forward, my little boat, into adult life! Dreams were my sails and I was departing for the unexplored and inviting ocean of life.

VII. ПЕРВАЯ РАБОТА

ВОПРОСЫ

1. Где и как жили студенты в первый год обучения в университете?
2. Что вам кажется особенно привлекательным с английской точки зрения в летнем отдыхе студентов?
3. Чем были особенно памятны и интересны студенческие годы для автора?
4. Есть ли такое же пристрастие к дальним походам в выходные дни среди студенчества Британии?
5. Каким образом помогали студенты государству в обмен на бесплатное образование? Было ли это тяжёлым принудительным трудом?

VII. ПЕРВАЯ РАБОТА

«Требуются годы, чтобы прославиться за одну ночь».

Неизв.

Как я уже сказала, распределение моё было лучше мечты. Я попала в очень серьёзный научный институт, где решались важные проблемы на теоретическом и экспериментальном уровне. В отделе, где мне предстояло работать, были собраны одни из лучших физиков страны. Очень скоро я почувствовала, что попала в среду гениев. В Москве есть университет, где учатся только самые одарённые студенты – можно сказать будущий авангард науки.

Так вот, все сотрудники этого отдела окончили этот университет. И вот пришла я – молодая, «зелёная»[1] студентка. Я очень скоро поняла разницу в

---

1 зелёная – colloq., young, inexperienced, green

130

QUESTIONS

1. How did the author's fellow students help her during her first year at University?
2. Describe the author's first impressions when she reached her Crimean holiday destination.
3. How well did the author and her friends eat and drink during their Crimean holiday?
4. Who opened the author's eyes to a different world? In what way did this encounter change the author?
5. What was the purpose of the Student Brigades?
6. What did the author achieve during her final year at University?
7. How did students in the USSR 'pay back' the State that had provided their Higher Education? Do you think this was a fair system?

VII.   FIRST JOB

"It takes years to become famous overnight."
Anon

As already mentioned, my placement was better than a dream. I got into a very serious research institute where important problems were solved on a theoretical and experimental level. The division where I was to work was composed of some of the best physicists in the country. I very soon felt as though I'd ended up in the midst of geniuses. In Moscow there's a university where only the most gifted students study – you could say the future avant-garde of science.

So, every employee in this division had graduated from this university and here was I – a young, green student. I very quickly became aware of the difference in intellectual

интеллектуальном потенциале, и мне стало страшно! Я помню, что от постоянного напряжения я очень мало спала в течение нескольких месяцев.

Однако, мне невероятно повезло. Физики оказались на редкость славными, замечательными людьми. Наверное, гениальность интеллекта каким-то образом связана с качествами души. Я сделала вывод: «Чем выше интелект, тем прекраснее душа». До сих пор я думаю, что это соотношение правдиво.

Я была одна молодая девушка в компании тридцати блистательных умов и имела всё их внимание и помощь, когда я в этом нуждалась; и я почувствовала себя скоро как-будто в семье близких и чутких людей.

Мне давали несложные задания, которые я выполняла успешно, и постепенно я чувствовала себя всё более уверенно. Через некоторое время (сейчас, я думаю, что мне дали это время, чтобы *прийти в себя[1]*) я получила мой первый большой проект.

1. Первый проект

«Невозможность – слово из словаря глупцов».

Наполеон Бонапарт

Мне поручили поставить эксперимент, цель которого заключалась в поиске возможного ответа на существующую проблему. Речь шла об исследовании воздействия лазерного излучения в различных режимах

1 прийти в себя – colloq., to come to one's senses

132

potential and I became scared! I remember that from the constant pressure I slept very little over the course of several months.

However I was unbelievably lucky. The physicists turned out to be unusually friendly wonderful people. Probably the brilliance of the intellect is in some way linked to the quality of the soul. I drew the conclusion that 'the higher the intellect, the finer the soul.' I still think that this relationship is accurate.

I was the only young woman in the company of thirty brilliant minds and had all their attention and help when I needed it; and I soon felt myself as if in a family of close and sensitive people.

I was given undemanding tasks which I carried out successfully, and gradually I felt more self-confident. After some time (I now think they gave me this time to come to my senses) I got my first big project.

1. First project

"Impossibility – a word from the vocabulary of the stupid."

Napoleon Bonaparte

I was told to conduct an experiment, the purpose of which was to search for a possible answer to an existing problem. This concerned research on the effect of laser beams on various physical objects under different modes. I felt a great

на физические объекты. Я чувствовала большую ответственность и хотела доказать, прежде всего, себе самой, что женская голова тоже способна решать серьёзные (даже и научные) проблемы.

Мне дали год для разработки и постановки эксперимента. Я должна была всё организовать сама: продумать схему эксперимента, обеспечить необходимое оборудование, заказать на производстве изготовление отдельных деталей и узлов. Работы было очень много: мне нужно было связываться с изготовителями и поставщиками оборудования, разговаривать с высокопоставленными людьми, добиваясь этого оборудования; мне нужно было обеспечить чертежи для изготовления деталей на производстве.

Для меня это была большая школа жизни. Я училась разговаривать с большими начальниками и при этом не робеть и не заикаться. Это совсем не просто, когда тебе двадцать четыре года и ты девушка, и мужчины, конечно, не воспринимают тебя всерьёз. Мне нужно было научиться вызывать к себе уважение, то есть работать также и на психологическом уровне, и я инстинктивно находила свой путь. Опять же, помогало детство, умение постоять за себя и почувствовать с кем ты имеешь дело.

К назначенному сроку, несмотря на массу препятствий, стресса и технических трудностей, всё было готово к эксперименту. Эксперимент проходил далеко от Москвы, на полигоне, ночью. Было холодно – снег и мороз. Мы должны были сидеть в тулупах, в неотапливаемом бункере, ожидая готовности отдельных комплексов, блоков схемы, чтобы при полной синхронизации начать отсчёт – *10. 9. 8 ...... 3. 2. 1. Пуск.*

responsibility and wanted to prove, first of all to myself, that a woman's head was also capable of solving serious (even scientific) problems.

They gave me a year for development and setting up the experiment. I had to organize everything myself: think about the scheme of the experiment, provide the necessary equipment for it, order the production and manufacture of the separate components and assemblages. There was a huge amount of work: I needed to liaise with the suppliers and installers of the equipment, talk to the high-ranking people in charge of procuring it. I had to provide technical drawings for preparation of the components in production.

For me this was a big school of life. I learnt to talk to senior executives, and for this not to be timid or stutter; this is not at all easy when you're a 24-year-old girl and men of course don't take you seriously. I needed to learn how to gain respect, meaning I had to work as much on a psychological level and I instinctively found my own way. Again childhood helped, the ability to stand up for yourself and to get a feeling for whom you have dealings with.

At the end of the allotted time, despite a mass of obstacles, stress and technical difficulties, everything was ready for the experiment. It took place a long way from Moscow, on a test range at night. It was cold, with snow and frost. We had to sit in sheepskin coats in an unheated bunker awaiting the readiness of the separate assemblies so that with total synchronization we could start the countdown – *10, 9, 8 ....* *3, 2, 1. Fire.*

VII. ПЕРВАЯ РАБОТА

Напряжение было адское, во всяком случае у меня. Меня всю трясло. Это было моё первое серьёзнейшее задание, и для меня это было большим испытанием.

Со мной и для меня работала большая группа людей; и мы все ждали результата. Я помню в этот момент начальник спросил меня:

«А ты знаешь, сколько стоит разовый пуск?» Я не знала

«Миллион», – не пошутил он. Меня затрясло ещё больше от сознания, что миллион мог *вылететь впустую*[1].

Однако, результат эксперимента превзошёл все ожидания – это был прорыв, скачок в решении существующей проблемы. Мне невероятно повезло. Конечно, я очень старалась и продумала схему эксперимента во всех деталях, но всё-таки такого успеха могло и не произойти.

Мой начальник обсчитал результаты эксперимента, и полученные выводы имели большое значение в последующих исследованиях. Я была представлена к награде за этот невероятно успешный эксперимент; я получала премию, которая равнялась моей зарплате в течение последующих двух лет! Ко мне пришёл не только успех, но и уверенность в себе, в своих силах. Я помню, что за какие-то два года я во многом изменилась.

В последующем было много проектов и интересной работы, но этот самый первый проект (как и всё первое) запомнился мне и сыграл значительную роль в моей жизни.

---

1 вылететь впустую – colloq., to go to waste, to go up in smoke

VII. FIRST JOB

The stress was diabolical, at any rate for me. I was shaking. This was my first serious task and for me this was my big trial.

There was a large group of people working with me and for me, and we were all waiting for the result. I remember at that moment my boss asked me "Do you know how much it costs to do a single launch?" I didn't know. "A million". He wasn't joking. I started trembling even more with the knowledge that a million rubles could be blown away all for nothing.

However, the results of the experiment exceeded all expectations; it was a breakthrough, a leap forward in solving the existing problem. I was unbelievably lucky. Of course I'd tried very hard and thought over the plan of the experiment in every detail but nonetheless I could well have not had such a success.

My boss appraised the results of the experiment and the outcome had a big effect on subsequent research. I was recommended for an award for this improbably successful venture; I received a recompense equivalent to my salary for the next two years! I attained not only success but also confidence in myself and in my strengths. I remember that in about two years I changed in many respects.

After that there were a lot of projects and interesting work, but this very first project (like the first everything) is memorable and played a significant role in my life.

VII. ПЕРВАЯ РАБОТА

2. Успех: хорошо это или плохо?

Многое изменилось в моей жизни и, прежде всего, я сама. Из крайне застенчивой молодой девушки я превратилась в уверенного человека. Однако, это принесло и свои минусы. Как известно, «слава», но можно выразиться скромнее – большой успех, может принести и вред. Я думаю – это и случилось со мной. Я стала довольно критически относиться к недостаткам других людей, и моя безграничная и безусловная любовь ко всем людям, ко всем без исключения, заменилась на, так сказать, выборочную, условную. Я помню своё суждение, подсознательное, но всегда определённое: «Если человек преуспевает в делах, если он обнаруживает интеллект, если он обладает культурным уровнем, тогда я относилась к нему/ к ней с уважением, и этот человек мне нравился». Неудачники не входили в круг интересных людей; по моему мнению – это были просто ленивые люди – так я думала тогда, но теперь, проживши жизнь, я поняла, что может существовать много причин по которым жизнь у людей не складывается.

Я утратила этот юношеский восторг перед любым *созданием божьим*[1], о чём я впоследствии не раз сожалела. Однако несмотря на мои попытки вернуться к этому состоянию внутреннего блаженства в восприятии мира и людей, я неизменно терпела неудачу, и это состояние критического отношения к людям продолжает оставаться со мной и по сей день.

Мне был дан дар свыше – любить людей, невзирая на их положение и достижения в жизни, но я его утратила, стремясь «вписаться в мозаику общества», стремясь достичь успеха, за который меня бы уважали и ценили. Однако, теперь я понимаю, что требования общества, и,

1 создание Божие – colloq., God's creature

138

VII.   FIRST JOB

2. Success: good or bad?

Much has changed during my lifetime and, above all, me myself. From an extremely shy young girl I became transformed into a confident human being. This has however carried with it some negative points. As is well known, fame or, in more modest terms, great success can lead to harm. I think this is what happened to me. I turned out rather critical of other people's inadequacies, and my boundless and unconditional love for all humanity without exception became selective and conditional. I remember my judgment, subconscious but always certain. "If a person was successful in business, showed great intellect or had a certain cultural standing then I'd treat them with respect and would like them". Unsuccessful people had no place amongst my circle of friends: in my opinion, quite simply they were lazy. That's how I thought then, but I now, having lived my life, realize there may be many underlying reasons why people do not make it in life.

I subsequently lost my youthful delight in all God's creatures, which I regretted immensely. However despite my attempts to return to this state of inner bliss with its warm perception of the world and its people, I invariably failed and am left to this day with this critical relationship to others.

I was bestowed the gift of a love for people regardless of their background and standing in life, but I lost this whilst attempting to fit into the mosaic of society, striving to obtain the success for which I would be respected and esteemed. However I now understand that the demands made of us in

как следствие, требования к себе самой несовместимы с истинной ценностью в жизни – способностью к *любви ближнего*[1]. Я работаю над своей утратой, но как-то без большого прогресса, я бы сказала. Умом я всё понимаю, а сердце закрыто, а сердце молчит.

3. Незабываемые годы

Вернусь однако к своей трудовой жизни. Надо сказать, что годы, которые я провела на предприятии, работая в обществе физиков, были лучшими в моей жизни. Как я уже упоминала, я попала в компанию блестящих умов России, и ходить на работу каждый день для меня было не тяжкой повинностью, а скорее радостью.

Это огромное наслаждение работать с доброжелательными людьми, обладающими к тому же великолепным чувством юмора. Я проработала в этой организации почти десять лет, в семидесятые годы, и помню как много и от души я смеялась, помню как легко и весело я себя чувствовала. Моя взрослая жизнь была интересна и наполнена не только трудовыми буднями, но и развлечениями. Моя взрослая жизнь мне очень нравилась.

Всем отделом мы весело отмечали абсолютно все советские праздники, а также дни рождения каждого из сотрудников. Обычно мы выпускали газету, посвящённую имениннику. В газете помещались стихи во славу именинника, шутки, пожелания, карикатурные зарисовки и так далее. Мы приносили из дома еду – кто что хотел, открывали бутыль со спиртом, и пир начинался.

После первой пирушки, я помню, меня выводили из здания, мимо охраны под руки, так как ноги мне были

---

1 любовь ближнего – biblical, love thy neighbour

society are incompatible with the values that matter most in life – the ability to love one's neighbour. I am working on my loss but somehow without great progress, I would say. In my mind I'm aware of all this but my heart is closed and silent.

3. Unforgettable years

However, I return again to my working life. I have to say that the years I spent working for an enterprise amongst a group of physicists were the best of my life. As already mentioned I was offered a place in a team of the brightest minds in all Russia and going to work every day was not a drudge but a great pleasure.

It really was an immensely enjoyable job where the people were goodhearted and moreover possessed a great sense of humour. I worked at this firm for almost ten years during the seventies, and I remember how often and how heartily I used to laugh, I recall how lighthearted and happy I felt. My adult life was interesting and full not only of work and day-to-day duties but also of amusement. I just loved my adult life.

The whole department would always celebrate every Soviet holiday as well as the birthday of every single colleague. Usually we'd produce a newspaper dedicated to the birthday boy. In it we put verses, jokes, wishes, caricature sketches and other such pieces. We used to bring food from home – those who wanted – then open the flagon of alcohol and the party would commence.

I remember how after the first binge they took me out of the building, past security, holding me under the arms as

VII. ПЕРВАЯ РАБОТА

неподвластны, и я не помнила «на каком я свете». Пить спирт надо уметь, а у меня, конечно же, не было никакого опыта – я выпила неразбавленный спирт, а это 98 градусов! *Отключилась*[1] через пять минут, потом меня как-то довезли домой, а утром я думала, что умираю... Выжила, всё-таки, и на сей раз. По ошибке взяла пример с мужчин, а у них желудки, известно, *дублёные*. Песен мы не пели – мы же были, как бы, на работе, но разговоров и смеха было более чем достаточно.

Это была отличная разрядка после напряженного периода работы, и мы все с удовольствием отдавались такого рода «умственным разгрузкам». Может, поэтому я не знаю никого из моих друзей, кто страдал бы от депрессии. Никакая депрессия не выдержит напора «высококачественного» юмора, который физики производили в изобилии.

Кроме того, у нас были благословенные «дни здоровья». Это тоже была одна из привилегий советского образа жизни. Государство заботилось о нашем здоровье: нам выдавали пол-литра молока в день на человека, и, время от времени, у нас был оплачиваемый, свободный от работы день. Но мы все приходили на работу, приносили с собой салаты и маринованный шашлык, брали «заветную бутыль» и отправлялись за город в лес на шашлыки.

За двадцать минут от Москвы можно было найти прекрасный лес с речкой, где мы и устраивали нашу шашлычную стоянку. Приготовить шашлык было делом исключительно мужским. Вкус шашлыка зависел во многом от умения его замариновать. Русские коровы исключительно мускулистые – они в постоянном

1 отключиться – colloq., to pass out

my legs no longer seemed to be under my command; I had no idea what planet I was on. One needs to know how to drink spirits but of course I had no experience whatever – I'd consumed undiluted alcohol at 98% proof! I passed out within 5 minutes and they somehow managed to take me home. The following morning I thought I was going to die... Nevertheless I survived this time. The men of course all had stomachs like leather and I'd mistakenly tried to follow their example. We didn't sing songs – this was after all a place of work – but there was always more than enough conversation and laughter to be had.

It was wonderful to have a break after a tense period of work and all of us returned with pleasure to this sort of unwinding from intellectual demands. Perhaps that's why I don't know any of my friends who suffered from depression. No kind of depression could hold out against such high-quality humour which our physicists produced in abundance.

Apart from this we were blessed to be given 'health days'. This too was one of the privileges of soviet life. The state looked after our health, gave us half a litre of milk a day per person and, from time to time, we were guaranteed a fully paid day off work. But we all came to work bringing with us salads and marinated *shashliki*[1]. We'd take our most cherished flagon of drink with us and set off from the town to the woods for our shashliki.

Twenty minutes from Moscow you could find a wonderful wood with a stream where we'd arrange our little barbecue. To prepare shashlik was exclusively the job of the men. The taste of shashliki really depends on the ability to marinade them properly. Russian cows are made entirely of muscle,

1   shish kebabs

передвижении, опустошая поле за полем лучше любой машины.

Советская химическая промышленность ещё не успела отравить добавками коровий рацион – никакой подкормки, и тут уж не полежишь, нужно двигаться, чтобы набить свой необъятный желудок. Так что мясо от них было невероятно вкусное, но жёсткое (простите меня, вегетарианцы). Мариновать нужно было всю ночь в уксусе или в вине и со специями. Я, лично, никогда в жизни это не делала. «Это дело не женское», – говорили русские мужчины; «Дай женщине кусок мяса, и она его испортит». Это была правда, во всяком случае по отношению ко мне, и я была с ними совершенно согласна. Они всё делали сами. Как хорошо, как удобно!

Приехав в лес, они начинали с того, что выбирали подходящие деревья, рубили их и делали огромный костёр. Прогоревший костёр давал ароматные уголья, на которых потом и жарился шашлык.

Ни в каком ресторане и ни в какой стране я не ела шашлык, который мог бы сравниться по аромату, сочности и мягкости с тем, который ребята делали на этих днях здоровья. Я уверена, что любой, даже самый строгий, вегетарианец не удержался бы от искушения и начал бы есть мясо, отведав хоть раз такого шашлыка. Такие дни здоровья завершались футболом или волейболом, и, конечно, песнями под гитару...

Как видите, нельзя было желать большего – лучшей работы и лучшей атмосферы на работе. Я была действительно счастлива все эти годы.

they're continually on the move, mowing field after field better than any machine.

The soviet chemical industry had not yet managed to poison the cattle feed with any kind of additives so they couldn't lie about and really had to keep moving so as to stuff their huge stomachs, so their meat was incredibly tasty but chewy. (Forgive me, vegetarians.) The marinating had to be done overnight in vinegar or wine with spices. I never once prepared them – "This is not a woman's business", the Russian men used to say. "Give a woman a piece of meat and she'll spoil it". This was true, in any case when it concerned me, and I entirely agreed with them. They did it all themselves. How good, how convenient!

Having arrived in the woods they got straight down to business, chose suitable trees, chopped them down and made a huge bonfire. The fire once it had died down gave aromatic coals on which the shashlik was grilled.

In no restaurant or country anywhere in the world have I ever had kebabs that could compare in flavour, juiciness and succulence to those prepared by my colleagues during 'health days'. I'm convinced even the most ardent vegetarian would be sorely tempted to give up were they to try these *shashliki* just once. The health days ended with football or volleyball, and then of course singing to the guitar...

As you can see, one could not wish for more. The best work and the best atmosphere at work. I was really happy all those years.

4. Выдающийся физик

Надо отдать должное и рассказать о физике экстра-ординарного интеллекта – нашем начальнике, он заслуживает долгой и доброй памяти.

Я встретила в жизни довольно много одарённых людей, но двое из них особенно повлияли на мою судьбу. Один из них был мой школьный учитель физики – Генрих Семёнович и другой – Борис Трофимович, наш руководитель. Сказать, что он был талантлив, как ученый – совершенно недостаточно. Он был одним из головных физиков страны в то время, внёсший неоценимый вклад в теоретическую физику. Выразить одним словом – он был гений и вместе с тем обладал умной и доброй душой. Мы все его любили, что случается не так уж часто в среде подчинённых. Кроме того, нельзя не упомянуть его несравненное чувство юмора. Правда, иногда нам доставалось от его острого, как бритва, языка, особенно, когда кто-то затягивал сдачу проекта.

Влияние Бориса Трофимовича на мою жизнь сказалось в том, что он, как бы, посадил меня в первоклассный поезд: станция назначения – Жизнь. Я пришла в институт совсем «зелёная» студентка, надо ли ему было возиться со мной, опекать меня? Но он проявил незаурядную душевную чуткость и помог мне справиться с застенчивостью. Помог мне обрести уверенность в своих силах, и сделал он это как-то ненавязчиво, как будто, вся трансформация произошла сама по себе. Его ободряющий взгляд, его юмор, реплики, совместная работа, совместный отдых – всё незаметно и постепенно вылепило из меня лучшего человека.

В его присутствии всегда хотелось быть выше: он обладал даром раскрывать в человеке лучшие черты его характера. Я, лично, всегда чувствовала себя, как бы,

4. A distinguished physicist

I must give due recognition to the physicist of outstanding intellect – our boss – who deserves long and warm memory.

I have met many talented people in my time but two of them in particular had an influence on my life. One of them was my school physics teacher Hinrich Semyonovic and the other Boris Trofimovic, our leader. To say he was talented as a scientist would be completely inadequate. He was one of the top physicists in the country at the time and made an invaluable contribution to the sphere of theoretical physics. To sum him up in a word he was a genius and together with this he possessed a clever and kindly soul. We all loved him, something that happens not that often among subordinates. Apart from this, I must mention his incomparable sense of humour. True though, we sometimes felt the edge of his razor-sharp tongue particularly when somebody missed a project deadline.

The influence of Boris Trofimovic on my life one could say was as if he'd sat me down in a first class railway carriage, destination station – life. I arrived at the institute a totally 'green' student. Did he really have to spend time on me, look after me? Of course not, but he showed a rare sensitivity and helped me to cope with my shyness. He helped me gain self-confidence and did it so naturally as if I had achieved the whole transformation by myself. His encouraging glance, his humour, his remarks, the joint work, and the breaks we enjoyed together – it was all subtle and slowly moulded me into a better person.

In his presence I always wanted to be more prominent. He had the gift of bringing out the best in everybody. I personally

на мысочках при общении с ним и думала о себе, что я неплохой человек. А ведь это так важно относиться к себе хорошо, с уважением, и это была исключительно его заслуга. Он умел одобрять и возвышать. Я думаю, что это редкостное качество в людях.

Ушёл наш Борис Трофимович, ушёл великолепный, незаменимый, непостижимый человек, оставивший глубокий след не только в науке, но и в сердцах человеческих.

Для меня Борис Трофимович был и остаётся негаснущей путеводной звездой. Как удается некоторым жить такую прекрасную жизнь, тогда как другие тонут в рутине каждого дня, суетятся, воюют друг с другом. Почему-то им не приходит в голову, что быть хорошим человеком намного радостнее для себя и для окружающих...

Boris Trofimovic (Note Lenin on the wall!)

148

always felt on my toes when talking with him and he made me feel good about myself. It's really so important to have self-respect and it was exclusively thanks to him. He knew how to approve and uplift; this is I think a rare quality in people.

Our Boris Trofimovic departed and with him went a splendid, irreplaceable and enigmatic human being. He left his mark, not only in science but also in human hearts.

For me, Boris Trofimovic was and remains the undimmed guiding star. How do some manage to have such splendid lives while others drown in the daily routine of existence, fuss about, fighting one another. Somehow it never enters their heads that being a good person makes you – and those around you – happier...

The author sets out on a Health Day, 1975

5. Друзья физики

Да, ушли и многие другие мои друзья. Из нашей сплочённой группы в двеннадцать, четырнадцать человек осталось нас только пять!

После перестройки в 1986 году исследовательский институт распался на маленькие фирмы. Встала очень острая проблема поиска направления в работе и проблема занятости.

Теоретическая физика стала никому не нужна, и не было субсидий от государства. Казалось, «земля ушла из под ног». Привычный мир рухнул. Многие не выдержали напряжения какой-то бестолковой жизни в период становления новой системы. Жизнь пришла не только бестолковая и суетливая, но и унизительная.

До перестройки люди никогда не задумывались где, и как «заработать на хлеб». У всех была работа и у всех было довольно комфортное бытие. Но, вот мы все вдруг оказались «перед лицом суровой действительности»: абсолютно пустые полки в магазинах и невыплачивание зарплаты в течение нескольких месяцев. Физики – народ непрактичный. Теоретическая физика, как и искусство, нуждается в финансовой поддержке государства, которая после перестройки иссякла.

Страна упала на колени, и нужно было думать как прокормить семью. Многие в то время должны были изменить профессию и упасть больно, и превратиться из физика, например, в мастера по починке телевизиров. Страна превратилась в сплошной базар: все торговали, чем придётся – бабушки продавали сигареты на улицах, композиторы продавали мандарины.

Многие совершали чартерные рейсы за границу, в основном в Китай и Турцию, чтобы накупить дешёвых

5. Physicist friends

Many of my other friends departed, twelve or fourteen out of our tight-knit group, leaving only five!

After *perestroika* in 1986, our research institute was split up into small companies. Severe problems arose with regard to finding a common direction at work, or indeed any work at all.

Theoretical physics was of no use to anybody and there was no subsidy from the state. It was as if the earth had gone from under our very feet. The world we had grown used to had come crashing down. Many couldn't cope with the pressures of this somewhat confused life during the period of transition to a new system. Life became not only senseless and fussy but also humiliating.

Before *perestroika* people never gave a thought to where and how they were going to earn their keep. Everybody had a job and everybody had a reasonably comfortable existence. But all of a sudden we faced a harsh reality: in the shops the shelves were completely empty and wages weren't paid for several months at a time. Physicists are not practical people. Theoretical physics, like art, needs the financial support of the state, which after *perestroika* had run dry.

The country fell on its knees and one now had to think about how to feed the family. Many had to change profession and fell painfully, converting from physicist, for example, to television repair technician. The whole nation turned into a continuous bazaar. Everybody traded what they had – *babushkas* sold cigarettes on the streets, composers sold tangerines.

Many people took charter flights abroad, mostly to China and Turkey, in order to buy cheap goods and then sell them

товаров и потом в Москве продать значительно дороже. Каждый вход в метро превратился в хаотическое стихийное место «купи-продам». Десятки палаток и киосков вырастали как грибы и также быстро исчезали, оставляя после себя горы мусора. Крысы днём сновали между этими кучами наравне с прохожими. В городе возникла криминальная обстановка.

Сейчас кажется, что этой чудовищной действительности никогда не было! Но всё именно так и было. Людям надо было хоть как-то заработать деньги на еду, хоть на какую-нибудь еду…

Словом, каждый применял свою *смекалку*[1]. А кто-то в это же самое время на всеобщем несчастье наживал миллионы и миллиарды! Миллиардеры в нищей стране – это звучит парадоксально, но – это была Россия.

Слава Богу, это смутное время постепенно уходит в историю; новая Россия поднимается и «расправляет плечи», и уцелевшие мои друзья живут сейчас превосходно. Их умные головы опять востребованы, и я чрезвычайно рада за них.

Мои друзья всегда были и остаются важной частью моей жизни. Мы, люди, существа социальные, и нам, конечно же, необходимо общение. Настоящие друзья – это большая радость, это поддержка, когда ты запутался и *завяз*[2]. Сколько раз они выручали меня, спасали, оживляли. Спасибо вам, мои друзья! Честно, не дожила бы я до этих лет без вас.

1 смекалка – wits
2 завязнуть – to get stuck

in Moscow at considerable profit. Every metro entrance turned into a chaotic impromptu market place. Dozens of tents and kiosks popped up like mushrooms and as quickly disappeared, leaving behind mountains of garbage. In the daytime, rats scurried impudently between the rubbish piles, on an equal footing with passers-by. A criminal state of affairs developed in the town.

Now it seems as if all these horrific things never happened! That's just how it was though. People had to get money somehow for food, any sort of food…

In a word, people lived by their wits. And yet during this same period of universal misfortune some people were making millions and billions! Billionaires in a destitute country – it sounds paradoxical but, well, this was Russia.

Thank God these troubled times are fading away into history; a new Russia is rising up and stretching its arms. My surviving friends now live very well. Their academic minds are once again in demand and I am extremely happy for them.

My friends have always been and remain the most important part of my life. We humans are social beings and obviously need company. Real friends are a great joy and support when you're confused and stuck. How many times have mine rescued, saved or revived me? Thank you my friends! Without you I honestly wouldn't be here today.

ВОПРОСЫ

1. Какие были сложности первого проекта?
2. Что вы думаете об успехе? Как он сказывается на личности?
3. Становится ли человек заносчивым или укрепляется его вера в себя?
4. Ощущаете ли вы отличие коллектива на своей работе от коллектива советских учёных?

VIII. РЕШИТЕЛЬНЫЙ ШАГ

1. Утрата

> Я хотела сделать ему подарок,
> я хотела сказать ему: «Я – с тобой!»

Довольно внезапно, жизнь моя стала изменяться. Я думала о другом занятии, о другой прфессии. «Почему же?» - может возникнуть вопрос. У меня была успешная карьера, очень хорошая зарплата, замечательная работа и близкие хорошие друзья. Что же толкнуло меня на этот необъяснимый, нелепый, как все говорили, поступок?

Случилось несчастье. Трагически ушёл из жизни Дима. К сожалению, обстоятельства его гибели на железной дороге остались невыясненными. Он возвращался в Москву, имея при себе большую сумму денег за роспись церкви. В СССР в то время не было ни чековых книжек, ни банковских пластиковых карточек, ни банковских пластиковых карточек, и единственный государственный банк обслуживал всё население.

Вероятно, по открытости своего характера и на радостях он рассказал случайным попутчикам о контракте на сумму, которая могла спровоцировать любого пьян-

VIII. THE DECISIVE STEP

QUESTIONS

1. What obstacles did the author have to overcome to make her first project at work a success?
2. How did this project change the author?
3. How did Boris Trofimovic affect the author?
4. What impact did *perestroika* have on the author's working life?

VIII. THE DECISIVE STEP

1. A tragic loss

I wanted to make him a present,
I wanted to tell him: "I'm with you."

Quite suddenly, my life started to change. I thought about another occupation, a different profession. Why on earth, you might ask? I had a successful career, very well paid, amazing work and good close friends. So what pushed me to take this unexpected and – as everyone said – absurd step?

Disaster struck. Dima died tragically, and unfortunately the circumstances of his death on the railway line remain unexplained. He was returning to Moscow having on his person a large amount of cash for painting frescoes in a church. In the USSR at that time there were neither chequebooks nor plastic cards, and just the one State bank serving the entire population.

Perhaps, having a friendly personality and being happy, he told other passengers about his contract for this amount, which could have tempted any drunkard into robbery.

чужку на ограбление. Что в точности произошло – неизвестно. Милиции так и не удалось раскрыть, с большой вероятностью можно предположить, этого преступления.

Дима был ещё совсем молодой, всего сорок лет. Боль, растерянность и ощущение невозвратимой утраты поселились в моей душе. Часто я чувствовала, что он идёт за мной следом, и это ощущение было столь сильно, что я оглядывалась. Конечно же, я знала, что это невозможно, но я чувствовала его присутствие. Это продолжалось больше года. Я даже написала несколько строк об этом, вот начало:

> Ты приходишь ко мне наяву и во сне,
> Заклинанье – твоё лицо.
> Сини, тихи глаза и беззвучны уста
> Не слышу, угадываю вопрос:
>
> – Что печальна опять? Как ты день прожила?
> ....

Не буду приводить всего стихотворения – оно довольно грустное и не отвечает тематике книги.

Все эти годы мы были с Димой вместе, с той самой памятной поездки на Чёрное море в Крым на каникулы.

Дима был удивительно тёплой души человек. Он умел любить людей всем своим бескорыстным сердцем. Для друга или просто для любого знакомого, кто нуждался, он *отдавал последнюю рубашку[1]*. Неудивительно, что у него было очень много друзей и приятелей-художников, писателей, поэтов. Его также любили и мои друзья – физики. Так встретились два очень разных мира.

---

1 последняя рубашка – colloq., the shirt off your back

VIII.   THE DECISIVE STEP

What exactly happened is not known and the police have not succeeded in resolving what was, in all probability, a crime.

Dima was still quite young, just forty. Pain, confusion and feelings of irreparable loss settled in my soul. Often I felt as if he was following behind me in my footsteps and this sensation was so strong that at times I would glance back. Of course I knew this was impossible but still I felt his presence. This went on for more than a year. I even wrote some verses about it, starting:

> You come to me when I'm awake and in my dreams
> Your face enchants me.
> Blue, calm your eyes, silent your lips
> I hear you not but guess your question.
>
> "Why sad again, how was your day? ...
> ....

I won't give you the whole poem – it's rather sad and doesn't go with a book of this sort.

All those years Dima and I were together, since that most memorable trip to the Crimea on the Black Sea for the holidays.

Dima was an amazingly warm-hearted person. He knew how to love everybody with all of his unselfish being. For friends or just acquaintances in need he'd give the shirt off his back. Unsurprisingly he had many friends and associates: artists, authors, poets. He was also very popular with my friends – the physicists – and so the two different worlds met.

VIII. РЕШИТЕЛЬНЫЙ ШАГ

Мы часто проводили вечера в такой смешанной компании в мастерской художника на чердаке, откуда открывался потрясающий вид на Москву, или где-нибудь в подвале у писателя. Свечи, вино, Бах, Вивальди или Гендель и чтение свежих стихов. Разговоры, обсуждения и споры часто продолжались далеко за полночь. Была выпита не одна бутылка вина, но дисскуссии об искусстве никогда не завершались; иногда у особо «горячих голов» дело доходило до взаимных, глубоких обид.

Так прошли семь лет нашей совместной жизни – жизни познания чужого вдохновения для меня, мук и радости творчества для Димы. Это были потрясающие годы нашей юности; Дима развернул меня к искусству, погрузил меня в чувственный мир созидания, и это переродило меня в другого человека. Однако, погружение в исскусство сжигает. Вам, очевидно, известно, как много молодых талантов, одарённых и гениальных поэтов и художников поглотила эта «лава».

Далеко во времени ходить не надо – достаточно вспомнить какими молодыми ушли из жизни А.Пушкин и М. Лермонтов, и ближе к нам по времени – С.Есенин, А.Блок, М. Цветаева и В.Высоцкий – всех просто не перечислить, список был бы невероятно печальный и длинный.

Вот и теперь, почти 30 лет спустя после ухода Димы, я также остро, как в юности, переживаю сближение, срастание с ним и разрыв. Был разрыв, но не потеря ощущения Димы как большого и светоносного человека, отдавшего всего себя искусству и дарившего себя в любви к людям.

Я должна была что-то сделать, чтобы чувствовать себя причастной к миру Димы, быть ближе к тому, чем была

VIII.   THE DECISIVE STEP

We'd often spend the evenings in this mixed company in one of the artists' studios high up in the loft, from where a staggering view opened up over Moscow, or in some writer's basement. Candles, wine, Bach , Vivaldi or Handel and the reading of contemporary poetry. Conversations, discussions and arguments often lasted long after midnight. Not a few bottles of wine would be consumed and discussions about art were ceaseless. At times, especially among hotheads, voices would be raised and debate could get quite heated.

Thus passed seven years of our life together; a life of knowing real inspiration for me, the joy and suffering of creativity for Dima. They were the most wonderful years of our youth. Dima turned me on to the world of art. He immersed me in this sensual world of creativity and I was reborn a different person. However, immersion in art can burn and of course we all know how many young talented and brilliant poets and artists have been consumed by this particular 'lava'.

We don't have to search far into the past to remember how such young people passed away: A Pushkin, M Lermontov – or closer to the present S Yesenin, A Blok, M Tsvetayeva and V Vysotsky. It's impossible to name them all, the list would be sad and long indeed.

Even now, almost thirty years after the passing of Dima, I still feel as sharply as in youth the coming together, the intertwining, the severing. We were parted but I never lost the sensation of Dima as a big and radiant person having devoted himself entirely to the world of art and bestowed his love to people.

I had to do something so as to feel a part of Dima's world, to be closer to him, to what was his life, to be with him in

VIII. РЕШИТЕЛЬНЫЙ ШАГ

его жизнь, быть с ним в моей памяти и в его мире. Я решила изменить профессию.

У меня никогда не было острого желания рисовать или *писать маслом*[1], короче, я явно не родилась художником, но я хотела находиться в этом мире, мире искусства – знакомом и притягательном.

Два года прошли в поисках этого мира. Все эти два года Борис Трофимович и вышестоящий руководитель отдела держали моё место, держали мой стол, и мне даже платили зарплату. Мои начальники думали, что я делаю очень необдуманный поступок. Они меня всячески отговаривали. Конечно, со стороны могло показаться, что я сошла с ума – хорошая зарплата, уважение в коллективе и эксклюзивная группа физиков. Поэтому они думали, что у меня это просто «блажь», и скоро это пройдёт. Ведь у меня ни было никакой другой квалификации, и что бы я не выбрала, мне нужно было бы начинать всё с нуля, сначала.

Они и решили поддержать меня, подстраховать меня на случай моего полного провала на новом поприще. Это абсолютно необыкновенная щедрость души. И я думаю, что благодаря именно этой поддержке и, зная, что я всегда могу вернуться на прежнее место в случае моей полной неудачи, я продумывала и выбирала мой будущий путь без суеты и спешки.

---

1 писать маслом – to paint

VIII. THE DECISIVE STEP

my memory and in his world. Thus I decided to change my profession.

I never had any strong desire to draw or paint. In short, I was clearly not born to be an artist, but I wanted to get into this world, the familiar and attractive world of art.

Two years followed in search of a way into this world. For all this time Boris Trofimovic and the senior manager kept my position for me, they kept my desk and even paid me a wage. My bosses thought that I had taken an incredibly ill-considered move. They tried everything to dissuade me. Of course from their point of view it did appear as if I had gone out of my mind – a good wage, well respected in the group, working amongst an exclusive group of physicists. They all thought it was just a whim and that I'd soon change my mind. You see I'd no other qualifications so whatever I chose, I had no other option but to start all over again.

They decided to support me and stand by me should I totally fail in my new field. It was a display of extraordinary generosity from the kindness of their hearts. I think that largely thanks to their support and knowing that I could always return to my former post in the event of failure, I thought it over and chose my future path without feeling hustled and rushed.

VIII. РЕШИТЕЛЬНЫЙ ШАГ

2. На пути поиска

«Постигайте науку искусства.
Открывайте искусство науки»
Леонардо да Винчи

Мой первый выбор был театр, тоже ведь мир искусства. Театр я всегда любила. Волшебство перевоплащения! Для меня театральные декорации, театральная среда и актёры всегда казались чем-то загадочным и недоступным.

Меня приняли на работу костюмером с испытательным сроком в три месяца. Пригодились мои навыки в шитье и моделировании одежды. От мамы я научилась моделировать, кроить и шить. Я могла сделать и сшить абсолютно всё, начиная от зимних сапог, как вы помните, также и платья, пальто, костюмы и даже шляпы.

В России в эти годы в магазинах было довольно трудно купить что-то интересное из одежды, поэтому многие женщины учились этому мастерству и шили для себя и своей семьи сами.

Итак, испытательный срок в театре я прошла успешно, и началось моё погружение в этот новый для меня мир. Поначалу мне всё было необыкновенно интересно. Актёров я почти что любила, если можно так выразиться. Для меня было и остаётся, кстати, полнейшей загадкой искусство перевоплощения. Я, например, не могу лгать, не выдав себя при этом голосом или выражением лица, и мне кажется, то, что не принадлежит твоему сердцу и уму, трудно выразить правдиво. А актёры постоянно выражают, да ещё с экспрессией, чужие мысли, чужие чувства – это как постоянное душевное переодевание, возведённое в искусство. Мне очень интересно, что же они за люди сами по себе, когда они практически

VIII.   THE DECISIVE STEP

2. Finding my way

"Grasp the science of art.
Discover the art of science"

Leonardo da Vinci

My first choice was the theatre, being also in the world of art. I'd always loved the theatre. The magic of transformation! For me the theatrical environment, its medium and its actors had always seemed somewhat mysterious and inaccessible.

I was taken on to work in the costume department on a three-month trial. My skills in sewing and designing clothes came in handy. I had learnt how to design, cut and sew from Mama. I could do it all, starting with winter boots as you may remember, as well as dresses, coats, suits and even hats.

In Russia at that time it was quite difficult to buy any interesting clothes, therefore many girls learned this particular skill and sewed for themselves and their families.

I successfully completed my trial period and so began my immersion in this – for me – new world. To start with everything was unusually interesting. I simply loved the actors, if one may put it that way. For me it was, and still is by the way, a complete mystery, this fascinating art of transformation. For example I cannot lie without giving myself away by voice or facial expression, and it seems to me hard to express something convincingly if it doesn't come from the heart and mind. Actors on the other hand continually express strange ideas and feelings – it's like a constant costume-changing of the soul, elevated to an art form. For me it was very interesting, what kind of people they are by themselves when they hardly belong to themselves,

не принадлежат себе, постоянно превращаясь и перевоплощаясь. Наверное, я слишком примитивна, думая так.

Но это сейчас я так думаю, а в то время я была совершенно очарована их способностью превращаться на минуту или на час в совершенно другую личность. Никогда не знаешь – они признаются тебе в любви от чистого сердца или играют очередную роль? Я несколько раз попадалась на этот трюк. Я была невероятно наивна. Верила глазам и голосу и позе! Какая же я была ростофиля. Меня даже угораздило пару раз увлечься этими театральными персонажами, и, конечно, с последующим глубочайшим разочарованием.

Да, театральный период был как бы моей *первой пробой воды*[1]; мне не понравилась эта вода для купания – опасные и скрытые водовороты. Привыкла с физиками к открытости, естественности, доброжелательности. Вот этого совсем не было в театре: соперничество порой превосходило все мыслимые границы. Саркастические или даже унизительные реплики в отношении таланта в адрес того или другого актёра/актрисы были на кончике языка почти у всех из них. Строились *закулисные козни*[2], и скольжение по поверхности морали было нормой для театра.

Так что, мне пришлось спуститься с облаков и впервые увидеть на что способна зависть и больное раненое самолюбие, а также любовь, воспринимаемая как бесконечная репетиция.

У меня стало нарастать ощущение, что театр явно не моё место для постижения правды жизни – уж слишком много «театральности». Я решила уйти, но этот первый

1 первая проба воды – colloq., first test of the water
2 закулисные козни – colloq., backstage

constantly changing and transforming themselves. Probably I was too primitive, thinking in this way.

This is how I think now but at the time I was utterly fascinated by their ability to change their spots from one minute to the next to a completely different personality. You never know whether they are confessing their love for you from the heart or playing a role. Several times I fell for this trick, I was really naive. I believed their eyes, their voices and their pose! What an oaf I was! A couple of times I became enamoured by these theatrical personalities, leaving me with the ensuing deep disappointment.

Yes, my time in the theatre was 'testing the water' and I didn't like to bathe in this water – dangerous with hidden whirlpools. I was used to the physicists and their open, natural, kindhearted ways. This just didn't exist in the theatre: the rivalry at times overstepped every conceivable boundary. With nearly all of them, sarcastic or even humiliating retorts with respect to talent in other actors were always on the tip of the tongue. Backstage intrigues built up and a general loosening of morals was the norm for the theatre.

And so I needed to come down from the clouds and realize for the first time what envy and injured pride are capable of as well as love perceived as an endless rehearsal.

I had a growing sense that the theatre was clearly not my place for understanding the truth of life, there were too many histrionics. I decided to leave but this first brush with real

опыт столкновения с реальной жизнью научил меня многому и, прежде всего, соскрёб с меня наивность.

3. Новая профессия

Мои поиски продолжались, и, спустя какое-то время, я пришла к мысли, что могу попробовать себя на поприще реставратора.

Как я уже сказала, я явно не родилась художником, но годы проведённые с Димой не прошли даром, сама не подозревая, я кое-чему научилась от него. Мы часто в выходные ходили на этюды вместе, и ожидая пока Дима кончит этюд, от нечего делать я тоже взялась за краски. И постепенно, очень постепенно я увлеклась. Я, конечно, подражала Диме, вернее, старалась подражать, но о карьере художника не помышляла даже на минуту.

Кроме того, по вечерам я часто приходила в офортную студию, где Дима работал. Он печатал литографии, офорты, гравюры. Я просто наблюдала, как художники работают, и стала разбираться в разных техниках, понимать чем отличается хороший оттиск от плохого и как достичь отличного результата. Этот опыт очень пригодился мне, когда я решила попробовать себя в сфере реставрации.

Итак, я пошла в ученики реставратора графики. Я начала работать лаборантом с минимальной, даже можно сказать, смешной зарплатой. Однако, меня это не смущало. Я надеялась в короткий срок освоить все методики составления химических растворов, различных клеёв и сделать первые шаги в реставрации, я надеялась на свою голову, всё-таки у меня было высшее образование. К моей большой радости, мои надежды

life had taught me great deal and, first of all, scraped away my naivety.

3. A new profession

My search continued and after a certain time I came round to the idea of trying out the field of art restorer.

As I've said, I was clearly not born to be an artist, but the years spent with Dima were not in vain in the sense that, without suspecting, I in some way had been learning from him. At weekends we often used to go sketching together and while waiting for Dima to finish a sketch, with nothing to do, I too had a go at painting. And slowly, very slowly, I became hooked. Of course I imitated Dima, or rather tried to, but never for a minute considered a career as an artist.

In addition I often used to spend my evenings in an etching studio where Dima worked. He used to print lithographs, etchings, etc; and simply by observing how artists work I began to examine different techniques and to understand how a good print differs from a bad one, and how to achieve a really good result. This experience would prove useful when I decided to try myself in the sphere of restoration.

And so I went to learn how to restore fine art on paper. I started to work as a laboratory assistant at a minimal, one could even say farcical, wage. However I was not ashamed of it. I hoped in a short time to master all the techniques required such as making up the chemical solutions and different glues and hoped to take my first steps in restoration. I believed I had enough upstairs, after all I'd had higher education. To my great joy, all my hopes had been realised and within six

VIII. РЕШИТЕЛЬНЫЙ ШАГ

оправдались, и не прошло и полгода как меня перевели из должности лаборанта на должность реставратора. Моя старательность и желание во что бы то ни стало добиться успеха на моём новом пути дали блестящие результаты.

Я стала расти «вертикально», и скоро мне стали доверять реставрацию трудных работ под руководством опытного реставратора-наставника. Пригодилась моя привычка вникать в проблему, анализировать её и выбирать наиболее оптимальный вариант решения. Всё-таки, я сейчас думаю, что с аналитическим складом ума легче жить на свете – тебя не заносит, тебя не швыряет *об земь*[1] судьба. Это более сбалансированный склад человеческой натуры. Мне, можно сказать, повезло. Держу химический баланс, несмотря на «дикие зигзаги» в моей жизни.

Итак, мне было 33 года, когда я начала мою новую профессиональную жизнь. Физики потеряли надежду на моё возвращение, и моё место было, наконец, занято. Но, я была совершенно счастлива моим выбором и, конечно, невероятно благодарна за то, что мой начальник, Борис Трофимович, предоставил мне возможность сделать выбор не спеша.

Я работала уже год в реставрационном центре в Москве, и мне всё больше и больше нравилась моя работа и коллектив – тихие, деликатные «графини», как их называли реставраторы других отделов центра. Реставраторы, на мой взгляд, люди особенные – посвящённые, преданные профессии и чистые душой. Я уже не говорю о трудолюбии и терпении, без которых реставратор состояться не может. Реставратор по характеру работы является полной противоположностью
___
1 об земь – об землю

VIII.   THE DECISIVE STEP

months I had been transferred from laboratory assistant to restorer. My diligence and desire to achieve success on my new path had come to fruition.

My career literally took off and I was soon entrusted with working on some difficult pictures under the supervision of an experienced restorer supervisor. My habit of investigating a problem, analyzing it and choosing the optimal solution was proving most useful. Nonetheless I think now that having an analytical turn of mind makes it easier to live in this world: you don't get swept away, fate doesn't throw you on your face. It's a more balanced view of human nature. I have to say I'm lucky. I managed to keep my chemical balance despite the wild zigzags in my life.

And so I was thirty-three when I started my new professional life. The physicists lost any hope of my return and my position was at last filled. I was though entirely happy with my choice and obviously extremely grateful to my boss Boris Trofimovic who enabled me not to rush my decision.

I had worked already for a year in a restoration centre in Moscow and liked my work and colleagues more and more – quiet, delicate *graphini*[1] as members of the other restoration departments used to call us. Restorers, in my view, are special people – dedicated, devout, professional and honourable. I haven't even mentioned their passion for their work or their patience, without which restorers could not exist. Restorers by the nature of their work represent a

1   nickname, pun on 'duchess' as refined 'graphic' artists!

VIII. РЕШИТЕЛЬНЫЙ ШАГ

художнику, несмотря на то, что и те и другие имеют дело с картинами.

Но художники выражают себя, свой мир в искусстве, тогда как реставраторы *врачуют*[1], сохраняют содеянное не имея права вносить свою интерпретацию в отсутствующий фрагмент картины.

Могу сравнить профессию реставратора с профессией врача: только у врача пациенты – люди, а у реставраторов пациенты – картины. Я думаю, что работа реставратора – это одна из самых замечательных профессий на свете; приносит глубокое удовлетворение после завершения работы, после возвращения или продления жизни картине.

Это тоже погружение в искусство, но с той разницей, что от тебя не требуется накала страстей, тебя не сжигает огонь неудовлетворённости, тебе не нужно *допинга*[2], чтобы излить себя, сотворить – нет, но тебе нужно восстановить уже созданное и разрушенное временем. Реставратор – как бы сторонний наблюдатель бушующих страстей. Очень спокойная работа и очень благодарная.

ВОПРОСЫ

1. Что побудило автора искать новый путь в жизни, новую профессию?
2. Нашла ли она именно то, что искала и в какой области?

---

1 врачевать – to provide help with…
2 допинг – here, giving yourself a high

VIII. THE DECISIVE STEP

stark contrast to artists, despite the fact that they both deal with pictures.

Artists express themselves and their world through art, while the restorers treat their creations and preserve them but have no right to introduce their own interpretation to the missing part of a picture.

One can compare the restorer to a doctor, only the doctor's patients are people and the restorer's are pictures. I believe the profession of restorer is one of the most wonderful jobs in the world; it carries with it deep satisfaction when one completes a piece of work, after restoring and prolonging the life of a picture.

Restoration also belongs to the world of art but with the difference that fiery passion is not required, you are not burnt by the fire of dissatisfaction and you don't need to take stimulants in order to pour out all your thoughts and create. No, you only need to restore that which has already been created and damaged by time. A restorer is an unassuming observer of passion. It's very peaceful and gratifying work.

QUESTIONS
1. How did the author's fellow physicists react to her stated change of profession?
2. Do you think her scientific background helped her in her new path in the Arts?

IX. СУДЬБОНОСНАЯ СЛУЧАЙНОСТЬ

IX. СУДЬБОНОСНАЯ СЛУЧАЙНОСТЬ

«Улыбкою бережной
Увянешь! Живи!
Безумью, безденежью
Зевку и любви, –»

Марина Цветаева

Изменения происходили не только в моей трудовой жизни, но также многое изменилось и в моей личной жизни.

Я вышла замуж неожиданно сама для себя! Этому способствовали довольно странные обстоятельства, настолько странные, что я могу поверить в предначертание судьбы.

А дело было так: я затеяла ремонт в квартире, и мне потребовался цемент. Я пошла к моему другу режиссёру, который жил в соседнем доме. Я знала, что у него тоже шёл ремонт. Позвонила, никто не ответил. Я толкнула дверь, она оказалась незаперта. Вошла. Обошла все три комнаты – никого. Я заглянула на кухню и увидела молодого человека, сидящего в углу на перевёрнутом ящике из под яблок.

Он был красив, как-то демонически красив: яркие синие глаза на одухотворённом лице. В нём ощущалась недюжинная внутренняя сила, несмотря на то, что выражение лица говорило о полной безнадёжности.

Я спросила где Лёня и объяснила зачем пришла. Он представился мне его другом и сказал, что он композитор и сейчас пишет музыку к Лёниному фильму. Также сказал, что Лёня будет, вероятно, через час. Делать было нечего и Саша, так звали молодого человека, предложил

172

IX. A FATEFUL EVENT

"When smiling uncertainly, you fade!
Live! Be crazy and penniless!
Be carefree and in love, –"

Marina Tsvetaeva

Not only were changes going on in my working life but just as many were happening in my personal life.

I got married – unexpectedly even for me! Some rather strange circumstances contributed to this, so strange that I can now believe in destiny.

It happened like this: I decided to redecorate my flat and needed some cement. I went to my friend the film director who lived in the neighbouring house, as I knew he was also redecorating. I rang the bell, nobody answered so I pushed the door and it turned out to be open. I went inside. I went round all three rooms – nobody. I glanced in the kitchen and saw a young person sitting in the corner on an upturned apple box.

He was handsome, a sort of demonic handsomeness: bright blue eyes in a spiritual face. In him you could sense an exceptional inner strength, despite the fact that the expression on his face betrayed utter hopelessness.

I asked: "Where's Lonya?" and explained why I had come. He introduced himself to me as a friend and said he was a composer and currently writing music for Lonya's film. He also said Lonya would be back in about an hour. I didn't have anything to do and Sasha, as the young man was called,

мне подождать, но я решила пойти домой и вернуться несколько позже.

Дома мне опять вспомнилось его лицо и выражение безнадёжности. Меня вдруг пронзила острая жалость к этому человеку. Мне показалось, что он находится в критическом положении, а возможно даже стоял перед выбором: «быть или не быть».

К тому же, через три дня наступал Новый Год, а у них в квартире мусор от ремонта, нет свежепахнущей ёлки, какая-то угнетающая обстановка, и полное отсутствие ожидания наступления самого любимого в России праздника – Нового Года. Мужчины! Безнадёжны! Я решила немного скрасить положение, вернее, сделать хотя бы попытку. Я написала несколько строк Саше, прихватила большую коробку лучших шоколадных конфет и ёлочные игрушки.

Сейчас я вижу, что это было безумно наивно и беспомощно, но тогда я думала: «Хоть что-нибудь будет лучше, чем ничего».

Через час я пошла к Лёне с зажатыми в кулаке стихами для Саши. Всего стихотворения приводить не буду, но только начало:

> «Ничья любовь тебе не нужна,
> Несчастье это или счастье, не знаю,
> Только мне слышится издалека твоя музыка неземная».
> ....

Стихотворение получилось драматичным. Интересно, что я написала его человеку, которого я видела только пять минут, но видимо я почувствовала какой-то импульс от него. Будущее показало, что я по первому

suggested I stayed but I decided to go home and return a bit later.

At home I again remembered his face and the expression of hopelessness. Suddenly I felt intense pity for this man. It seemed to me that he was in a critical position or possibly even contemplating the choice "To be or not to be".

Moreover in just three days it would be New Year but their flat was full of rubbish from redecorating, and they didn't have a fresh-smelling Christmas tree. Such a depressing atmosphere and a complete lack of excitement for Russia's favourite holiday – New Year. Men! Hopeless! I decided to brighten up the situation a little, or at least try to. I wrote several lines for Sasha and grabbed a big box of the best chocolates and some Christmas tree decorations.

I see now that this gesture was dreadfully naive and unhelpful but at the time I thought: "At least anything will be better than nothing!"

After an hour I went back to Lonya's with the poem for Sasha clutched in my hand. I won't give you the whole poem here, just the beginning:

> You don't need anybody's love,
> Is this happiness or misfortune, I know not,
> But I hear from afar your heavenly music…
> ……………………………………………………

The poem turned out dramatically. It's interesting that I wrote to this man whom I had seen for only five minutes, but clearly I felt some kind of impulse from him. Time would tell

IX. СУДЬБОНОСНАЯ СЛУЧАЙНОСТЬ

впечатлению *нарисовала*[1] его истинный портрет. Я сама потом недоумевала, как это получилось.

Лёни всё ещё не было. Я отдала Саше коробку конфет и ёлочные игрушки, а также свой маленький набросок в рифму, но попросила прочитать это когда я уйду. Саша смутился, ушёл опять на кухню, а я осталась в комнате дожидаться Лёню.

Вдруг я услышала, как он насвистывает детскую песенку про пропавшего щенка. А у меня как раз тоже пропала собака два дня назад. Я и сказала об этом Саше. Дальше события стали раскручиваться весьма стремительно. Оказывается, Саша видел объявление о пропавшей собаке, и по описанию я мгновенно поняла, что это моя «Матроска». У меня была ужасно смешная собака – черные и белые полосы чередовались по всему её телу, ну точно как на *тельняшке*[2] матроса. От этого она и получила своё прозвище.

Мы помчались за собакой и получили её в обмен на литровую банку земляничного варенья. Я *была на седьмом небе*.[3] Те, кто имеет животных знает, что я перечувствовала, когда она пропала. Для меня это был необыкновенный подарок к Новому Году, и, конечно же, я была очень благодарна Саше. В тот день мы попрощались, и я не знала увижу ли я его когда-нибудь опять.

Но, на этом наше знакомство не кончилось. Моя подруга – Роза из нашего дома собиралась устроить большую пирушку на Новый Год на даче. Она пригласила меня, и я сразу же согласилась. Всегда очень весело праздновать Новый Год на даче – снег по пояс, комнат столько, что

1 нарисовала – here, has written
2 тельняшка – sailor's top
3 быть на седьмом небе – expr, to be in the seventh heaven

176

that from my first impressions that I had painted an accurate picture of him. I later wondered how this had happened.

Lonya was still not in. I gave Sasha the chocolates and the tree decorations and also my little rhyming note but asked him not to read it until I was gone. Sasha was embarrassed and went into the kitchen again and I stayed in the other room to wait for Lonya.

Suddenly I heard Sasha whistling a children's song about a lost puppy. Oddly enough, my dog had also gone missing two days before. I told him this. Further events started to unfold very rapidly. It turned out that Sasha had seen a notice about a missing dog and from his description I immediately realised he meant my Matroska (sailor). I had a terribly funny-looking dog with black and white stripes all over her body just like a sailor's shirt – hence the name.

We rushed to find the dog, and retrieved her in exchange for a litre jar of wild strawberry jam. I was on cloud nine! Those who have an animal will know how I felt when she disappeared. For me this was an amazing present for New Year, and of course I was very grateful to Sasha. That day we said our goodbyes and I didn't know if I would ever be seeing him again.

But our acquaintance did not end there. My friend Rose from our block of flats was planning a big party for New Year at her dacha. She invited me and I immediately accepted. It's always loads of fun to celebrate the New Year at a dacha – there's snow up to your waist, so many rooms that you can

IX. СУДЬБОНОСНАЯ СЛУЧАЙНОСТЬ

можно заблудиться и много новых лиц. Я не знала тогда, что она пригласила также Лёню и Сашу.

Мы увиделись с Сашей снова на Новый Год. Пришло много друзей Розы, и было очень весело. Мы проводили Старый Год водкой и закусками и встретили Новый Год шампанским и деликатесами. Где-то в середине ночи, когда мы были уже слишком навеселе, Роза, вдруг и говорит мне: «Лар, выходи за Александра замуж». Я отреагировала обыкновенно, что, мол, я его совсем не знаю. Но, нужно было знать Розу – она могла убедить кого-угодно сделать что-угодно. У неё был виртуозный интеллект. Например, она могла бы убедить человека прыгнуть с городского моста, и он бы прыгнул. Нечто подобное случилось и со мной. Её главный аргумент был в том, что я могла бы помочь истинно талантливому человеку.

Россия, как известно, имеет историю меценатства. Искусство начала двадцатого века в России расцвело исключительно благодаря богатым меценатам. Может, в её жилах и текла кровь мецената, и она хотела помочь таланту моими руками? Не знаю, но в любом случае, дело было в Новый Год и Было выпито много вина – я это понимала, но, с другой стороны, я и сама хотела и всегда помогала, как могла, людям искусства. Правда, я никогда не приносила себя в жертву (до этого ещё не доходило).

Я всегда думала о себе, что у меня нет никакого таланта и считала своим долгом помогать людям искусства. Все, кого я знала (Димин период), все они были ужасно непрактичные, совсем неприспособленные к жизни художники, поэты. Таким людям нужна поддержка (материальная в любом случае). Если они будут думать как заработать деньги, у них не останется ни времени, ни

get lost and lots of new faces. I didn't know at the time that she had also invited Lonya and Sasha.

We saw each other again on New Year's night. A lot of Rose's friends came and it was great fun. We said goodbye to the old year with vodka and snacks and welcomed the New Year with champagne and delicacies. Sometime about midway through the night, when we were already somewhat tipsy, Rose suddenly said to me: "Lar, marry Sasha!" I was completely taken aback, I didn't even know him! But you had to know Rose – she could make absolutely anybody do absolutely anything, she had a virtuoso intellect. For example, she could have convinced a person to jump off a city bridge and they would have jumped. Something similar happened to me. Her main argument was that I would be helping an extremely talented person.

Russia, as is well known, has a history of patronage. The art of the beginning of the 20th century in Russia bloomed entirely thanks to rich patrons. Perhaps the blood of the patrons coursed through Rose's veins and she wanted to help the talent by means of my hands. I know not, but in any case, it was New Year and a lot of wine was consumed. I was aware of this but on the other hand I myself wanted to help creative people, and always did help as much as I could. Although, true, I'd never (at least thus far) sacrificed myself.

I had always thought I had no talent myself and considered it was therefore my duty to help artistic people. All the artists and poets whom I knew (in the Dima period) were terribly impractical and completely ill-adapted to life. Such people needed support – material at least. If they thought about how to earn money, they'd have no time or energy

IX.   СУДЬБОНОСНАЯ СЛУЧАЙНОСТЬ

энергии на творчество. По моему бизнесс и творчество
несовместимы в одном человеке. Ну, вот, тогда я и
сказала Розе:

«Попроси его сыграть что-нибудь из его сочинений.
Если мне понравится его музыка, я выйду за него
замуж».

Это было аналогично прыжку с моста; но не забывайте
– это был Новый Год, шампанское, разгар веселья,
легкомыслие молодости и желание сделать что-то
хорошее, когда ты можешь.

Саша сел за рояль. То, что я услышала, было грандиозно.
После первых нескольких аккордов все голоса стихли,
хотя никто об этом и не просил. Понравилась ли мне
музыка? Я была потрясена. В ту же ночь я сказала Розе:
«Хорошо, я помогу Саше». Помочь – значило выйти за
него замуж.

Англичанину этого не понять да и никакому ино-
странцу тоже не понять. Дело в том, что талантливый
композитор должен был жить в Москве или в Петербурге
– *центрах средоточия*[1] культуры. В любом другом городе
они просто не смогли бы найти хороший оркестр, чтобы
исполнять свои сочинения. Написанная музыка должна
звучать, а не покоиться в нотах на полках. Но Саша был
не из Москвы.

Система регистрации жителей в России в то время
исключала свободное передвижение по России, и попасть
ему в Москву можно было только через женитьбу. Это
можно было бы назвать деловым соглашением, и, честно
говоря, наутро меня эта мысль мучила. Я чувствовала
себя скверно, мне было просто противно об этом
подумать. Я совершенно не хотела это делать, несмотря

1   центры средоточия – центры сосредоточия

180

left for creativity. In my opinion, business and creativity are incompatible in a person.

Well then, I said to Rose, "Ask him to play something he's composed. If I like his music, I'll marry him."

This was just like the jump from the bridge but don't forget: it was New Year – champagne, high spirits, wild youth and the desire to do something good while you still could.

Sasha sat down at the piano. What I heard next was just majestic. After the first few chords, all the voices in the room went silent although nobody had asked them to. And did I like the music? I was stunned. That night I said to Rose "Ok, I will help Sasha." Help meant marriage.

An Englishman, or any foreigner, wouldn't understand this. The fact is that a talented composer had to live in Moscow or St. Petersburg – the cultural centres. In any other town they simply would not be able to find a good orchestra who could perform their compositions. Written music has to be heard, not put on shelves as sheets of notes. But Sasha was not from Moscow.

The system of registration for residents in Russia at that time excluded free movement around the country, and to get to Moscow was possible only through marriage to a resident. You could call this a business agreement and, to be honest, the next morning the thought worried me. I felt dreadful and it was too disgusting to even think about. I really didn't

на данное обещание. Меня разрывало на части между желанием помочь и чистотой души.

Два дня я промучилась, на третий – сказала, что не смогу этого сделать. Саша воспринял это спокойно и сказал, что я только выросла в его глазах, и теперь у него есть все основания продолжить наше знакомство. Мне это понравилось; я избавилась от необходимости и от давления. В наши отношения пришла естественность и свобода. Спустя год мы поженились, но это была связь, построенная на чувствах и на уважении друг к другу.

Мы прожили 14 лет и у нас родилась дочка.Четырнадцать лет – много это или мало? Это всё относительно, но в любом случае трудно спрессовать жизнь этих лет и уложить их в несколько строчек или даже в несколько страниц. Скажу одно – скучно точно не было; жизнь не влачилась, а «скакала и подпрыгивала». Душа уносилась в «заоблачные выси», но и больно падала тоже. Был весь набор эмоций – была драма, было приближение к осознанию смысла жизни, было постижение серьёзной музыки и были абсолютно незабываемые, чудеснейшие поездки в дома композиторов, которые находились в самых изысканных и чарующих уголках России: «Всё для вас, композиторы, вы только творите!» – так государство заботилось о творческих людях.

ВОПРОСЫ

1. С чего началось, и чем закончилось знакомство молодых людей?

want to do this despite my earlier promise. I was being torn to pieces between my desire to help and my morality.

For two days I agonized, on the third – I said I couldn't do it. Sasha took this well and said that I had only grown in his eyes and now he had all the foundations to continue our friendship. I liked this; it got rid of the necessity and the pressure, and our relationship gained a sense of sincerity and freedom. Barely a year later we were married but this was a union built on feelings and respect for one another.

We were married for fourteen years and had a daughter. Fourteen years – is this a long time or not? It's all relative, but in any case, it's hard to condense the life of those years and fit them into a few lines, or even a few pages. I'll say one thing though; dull it wasn't. Life didn't drag so much as skipped and jumped. My soul was transported above the clouds but also fell all too painfully. I went through the whole gamut of emotions: drama, trying to grasp the meaning of life, appreciation of serious music and, completely unforgettable, wonderful trips to the houses of composers, which were located in the most amazing and enchanting corners of Russia. "Everything for you composers, you just create!" That's how much the state cared for creative people.

QUESTIONS
1. Why did the author agonize over whether or not to marry Sasha?

X. *ДОЛГОЖДАННЫЙ ПОДАРОК*

Рождение дочери было для меня подарком Всевышнего! Это самое сильное и прекрасное чувство, которое я когда-либо испытала в моей жизни. Может, это экстремальное ощущение я испытала ещё и потому, что у меня долго не было детей, и я родила довольно поздно, в 40 лет, вопреки всем негативным предсказаниям докторов.

Когда я забеременела, то врачи сказали мне, что ни я, ни мой ребёнок не выживем, потому что я имела какой-то редкий, неблагополучный состав крови, и на этом основании они советовали мне сделать аборт. Это звучало страшно для меня и недопустимо; я предпочла бы умереть сама, но сохранить зародившуюся жизнь!

Я стала часто ходить в церковь и молилась, и молилась; и мне было даровано ощущение внутреннего покоя и уверенность, что всё будет хорошо. Я решила не следовать совету врачей и не делать аборт; тогда от меня потребовали дать подписку, что всю ответственность за исход и последствия родов я беру на себя. Роды у меня были преждевременные, срочные и травматичные.

Это началось ночью, неожиданно и раньше положенного срока на два месяца. Когда я оказалась на операционном столе, врач сказал мне, что они будут бороться за мою жизнь, а ребёнка, видимо, спасти не удастся. Всё происходило как будто не со мной, я была в шоке, но я поняла (не почувствовала, а поняла), что жизнь моя *висит на волоске[1]*. Что ж, я к этому была готова, меня ведь предупреждали врачи раньше, во время беременности.

Однако, все мои мысли были о будущем ребёнке, и я сказала доктору, который собирался делать операцию:

---

1 висеть на волоске – expr., to hang by a thread

X.   *A LONG-AWAITED GIFT*

The birth of my daughter was for me a gift from the Almighty! It was the strongest and most beautiful feeling I had ever experienced in my life. Maybe I felt this extreme sensation also because I couldn't have children for a long time and gave birth quite late, at 40, despite all the negative predictions of the doctors.

When I became pregnant the doctors told me that neither my child nor myself would survive because I had some kind of rare and detrimental blood condition, and on this assumption they advised me to have an abortion. This sounded terrifying for me, and intolerable; I would have preferred to die myself but save the unborn life!

I started to go to church often and prayed and prayed, and was filled with a sense of inner peace and confidence that everything would be alright. I decided not to follow the doctors' advice and not to have an abortion. I was then asked to sign an indemnity that all responsibility for the outcome and consequences of the birth I would take upon myself. The birth for me was premature, urgent and traumatic.

It started at night, unexpected and two months before the full term. When I was on the operating table, the doctors told me that they would fight for my life but the baby, evidently, would be impossible to save. It all seemed as if it wasn't happening to me, I was in shock but I understood (not felt but understood) that my life was hanging by a thread. Well, I was ready for this as the doctors had warned me earlier during my pregnancy.

However, all my thoughts were on the future of the baby and I said to the doctor who was going to do the operation:

X. ДОЛГОЖДАННЫЙ ПОДАРОК

«Пожалуйста, сделайте всё, что в Ваших силах и спасите ребёнка, ведь это мой первый и последний шанс. Я верю в Вас».

Это были мои единственные и последние слова, которые я успела сказать доктору. Потом уже подействовал наркоз. Когда я проснулась, мне сказали, что у меня родилась дочка. Было около пяти часов утра. Операция длилась примерно три часа.

Меня оставили в больнице ещё на месяц, а дочку перевезли в другую специализированную больницу, потому что она стала катастрофически быстро терять вес, и врачи серьёзно опасались за её жизнь.

Пытка, невыносимая пытка была в том, что я кормила грудью чужих младенцев, не зная жива или нет моя девочка. Из той специализированной больницы информация поступала очень скупо. мне просто говорили, причём через день, что девочка очень слабенькая, и врачи борются за её жизнь, и всё, и никаких подробностей. Это была самая жестокая из пыток для матери. Меня выписали из больницы через месяц. Я была зелёного цвета и еле держалась на ногах, а крохотную мою девочку перевезли опять в другую уже больницу. Она жила, она пока выживала!

Не буду описывать все страхи и волнения, невероятные проблемы и трудности, которые я *хлебнула*[1] в эти первые недели и месяцы после родов. Получилось бы как бы и неправдоподобно. Доктор, которая выхаживала меня после родов, так мне и сказала при выписке: «Я работаю в этой больнице вот уже 30 лет, и я человек неверующий. Ты и твоя девочка остались в живых наперекор всем угрозам вашим жизням. Я как врач не могу этого объяснить, несмотря на мою долгую практику.

1 хлебнуть – colloq., to have problems

"Please, do everything in your power to save the baby. It's my first and last chance. I believe in you."

They were my last and only words I could say to the doctor because the anaesthetic kicked in. When I woke up, I was told I had had a daughter. It was close to five o'clock in the morning, the operation had lasted about three hours.

I was kept in hospital for another month and my daughter was transferred to another specialist hospital because she was losing weight catastrophically fast and the doctors seriously feared for her life.

The torture, the unbearable torture, was that I was breast-feeding other babies, not knowing whether my daughter was alive or not. Information from the specialist hospital came rarely; I was only told, and only every other day, that my girl was very weak and the doctors were fighting for her life; and that was all, there were no details. This was the cruellest of torments for a mother. I was discharged from the hospital after a month, green in colour and barely able to stand. My tiny girl was transferred to yet another hospital but she was alive, she was still surviving!

I won't describe all the fears and pain, unbelievable problems and hardships that I endured those first few weeks and months after the birth because it would seem unreal. The doctor who had taken care of me after the birth told me, and I quote: "I've worked in this hospital for 30 years, and I'm not a person of faith. You and your daughter stayed alive despite all the threats to your lives. As a doctor, I can't explain this,

X.   ДОЛГОЖДАННЫЙ ПОДАРОК

Благодари, деточка, Бога – что я могу ещё сказать. Твой случай – загадка для медицины».

Я и благодарю Бога с того самого памятного дня. Я бы сказала, что я слепо верю в Бога, не зная *толком*[1] библию и не имея постоянного духовного наставника. Однако, после всего, что я испытала, я знаю и чувствую всем своим существом, что Всевышний присутствует в нашей жизни и ведёт нас по жизни. Мне была дарована эта беспредельная, не знающая никаких препятствий и сомнений, ВЕРА. И это, действительно, особое состояние души, за которое я хочу быть благодарна каждй день моей жизни.

Моя дочка родилась в начале зимы, в 1988 году, самые голодные годы 1988 – 89 после перестройки в России. Как оказалось похоже наше (я имею ввиду себя и мою дочь) появление на свет – мы обе родились в голодные годы. Как я уже упоминала, каждый в это турбулентное время выживал, как мог. Нам помочь было некому. Моя мама лежала больная не вставая с постели, она совсем не могла ходить, а мой муж, видимо, не смог найти своё место в наступившем хаосе и как-то постепенно отошёл от семейных обязанностей. Уезжал в какие-то длительные командировки, а потом и вовсе исчез.

Система государственной поддержки творческой интеллигенции рухнула, музыка никому не нужна была в то время, и он совсем не мог зарабатывать деньги. Его мучила гордость и поэтому, я думаю, он предпочёл *«спрятать голову в песок».* Я осталась наедине с моей драгоценной и такой желанной девочкой...

---

1 толком – colloq., exactly

in spite of my years of practice. Thank God, my child – what else can I say: your case is a mystery to medicine."

And I do thank God from that most memorable day. I would say I blindly believe in God, despite not knowing the Bible well, and not having a constant spiritual teacher. However after all I went through, I know and feel with all my being that the Almighty is present in our lives and guides us through life. I was given this infinite, boundless and doubtless FAITH. And it is, really, a special state of the soul, for which I want to be grateful every day of my life.

My daughter was born at the start of winter in 1988. The most famished years were 1988 – 89, after *perestroika* in Russia. How similar were our (my daughter's and my) arrivals into the world – we were both born into times of famine. As I already mentioned; everybody in those turbulent times survived as best they could. We had nobody to help us. My mother was ill and confined to bed, she couldn't walk at all. My husband, apparently, couldn't find his place in the incipient chaos and somehow gradually stepped away from family responsibilities. He went off on prolonged business trips of some sort and then completely vanished.

The system of state support for creative intelligentsia collapsed, music wasn't needed by anyone in those times and he just had no way to earn any money. This hurt his pride, I think, and because of this he preferred to hide his head in the sand. I was left on my own with my little girl, so precious and so longed for …

XI.   ВЫЖИВАНИЕ

ВОПРОСЫ
1. Какое отношение у автора к абортам?
2. Что сказала врач по поводу рождения ребёнка?

XI. ВЫЖИВАНИЕ

«Быть как стебель и быть как сталь
В жизни, где мы так мало можем...»
Марина Цветаева

Надо было выживать. Вспомнилась мне мамина жизнь, и опять параллель: мама осталась одна с двумя детьми (папенька благополучно исчез) в такое трудное время, и я осталась одна со всеми проблемами и трудностями перестроечного периода.

Помню эту страшную зиму, когда мне нужно было успеть к шести часам утра на *детскую кухню*[1] и стоять в очереди на морозе (минус 20-30 градусов) с дочкой, закутанной и прижатой к груди. Мне её совершенно не с кем было оставить, а ей было чуть больше месяца. Выдавали 50 грамм детского творожка и 100 граммов молока в день младенцам до полугода.

В магазинах было абсолютно пусто; кроме гнилой капусты и соли на полках не было ничего. Я питалась преимущественно чаем с хлебом два года. Потеряла два размера в одежде – это где-то 15 - 17 килограммов. Гляля на меня, нельзя было бы предположить статус счастливого материнства.

И всё-таки именно дочка помогла мне продержаться на таком голодном пайке. Сознание, что у неё никого нет

---

1 детская кухня – place giving out rations for babies

QUESTIONS

1. How long did the author and her child stay in hospital?
2. Why did they have to stay so long?

XI. SURVIVAL

> "To bend like a reed but be as strong as steel
> In life, where we can do so little…"
>
> Marina Tsvetaeva

We needed to survive. I recalled my mother's life, and again a similarity: my mother was left alone with two children (my father had conveniently vanished) at such a difficult time and I was left alone with all the problems and difficulties of the *perestroika* period.

I remember that terrible winter when I had to get to the 'Children's Kitchen' for six o'clock in the morning and stand queuing in the freezing weather (minus 20 – 30 degrees) with my daughter all swaddled up and pressed against my chest. I had absolutely nobody to leave her with and she was only about one month old. They issued 50 grams of children's curd cheese and 100 grams of milk per day to infants of under six months.

The shops were completely empty – except for rotten cabbage and salt there was nothing whatever on the shelves. I ate mainly tea with bread for two years. I lost two clothes sizes – some 15-17 kilos. Looking at me could not have suggested happy motherhood.

And nevertheless it was my daughter who helped me to pull through on such hunger rations. Being conscious that

кроме меня было моим «перпетуум мобиле». Я просто не могла серьёзно заболеть – кто бы тогда поставил её на ноги? Как говорится: «мир не без добрых людей». Друзья помогали мне, кто как мог. Моя подруга, у которой тоже был маленький ребёнок, два раза в неделю брала мою дочь на три/ четыре часа, и за это время я должна была успеть съездить в деревню за козьим молоком.

Ехать нужно было на двух автобусах, и потом пройти два километра по снежному полю. Когда мела пурга, то дорожки видно не было, и приходилось идти по бездорожью, проваливаясь в снег иногда по пояс. Потом таким же путём обратно, только ещё и с трёхлитровым бидоном молока.

Это козье молоко было необходимо дочке, так как у неё были проблемы со здоровьем. Старые и *видавшие виды*[1] бабушки посоветовали это молоко, как одно из самых верных и доступных средств для взращивания слабеньких младенцев. И я готова была сделать абсолютно всё, чтобы только помочь моей крошке.

Проходил день за днём в постоянной заботе и борьбе за укрепление и улучшение здоровья девочки. В течение полугода я спала часа три, четыре в день, потому что проблем было действительно много. Я уставала страшно, буквально, *валилась с ног*[2].

Это удивительно, на что способен человеческий организм в экстремальных ситуациях, когда существует необходимость и ответственность. В конце каждого прожитого дня я поздравляла себя с тем, что мы его прожили. Так, мы дотянули с дочкой до её дня рождения, когда ей исполнилось два года.

---

1 видавшие виды – colloq., experienced
2 валиться с ног – colloq., to be barely standing

she had no-one except me was my constant motivation. I simply could not afford to get seriously ill: who then would put her back on her feet? Like they say: "The world is not without kind people". Friends helped me in any way they could. My neighbour, who also had a small child, took my daughter twice a week for three or four hours in which time I had to rush to the countryside for some goats' milk.

I had to take two buses and then walk two kilometres across snow-covered fields. When there was a snowstorm I couldn't see the path and in the absence of a road was forced to walk through the field, falling through snow sometimes waist high. Then back again the same way only this time with a 3-litre can of milk.

This goats' milk was essential for my daughter as she had problems with her health. Old and experienced *babushkas* used to recommend this milk as one of the most reliable and accessible means for nurturing weak babies. And I was prepared to do absolutely anything to help my little one.

Day after day passed in continual worry and battle to strengthen and improve the little girl's health. For a period of about six months I slept for only three or four hours a day because there were quite a few problems. I was terribly tired, literally dead on my feet.

It's quite astonishing what a human being is capable of in extreme situations out of necessity and responsibility. At the end of every day lived through, I congratulated myself on the fact that we'd survived it. And so my daughter and I made it to her birthday when she was two years old.

XI. ВЫЖИВАНИЕ

В это время мне удалось найти небольшую работу – преподавать детишкам английский язык в клубе. С ужасом вспоминаю, как я должна была привязывать свою дочку к батарее за ножку на то время, когда уходила в клуб на уроки, а ей всего было два с половиной года. Не с кем было её оставлять. Я уходила на три часа, и у неё был поводок на ножке в метр длиной, чтобы она могла ползать. Сердце сжималось от страха за дочку; могло случиться что угодно и что-нибудь ужасное и непредвиденное во время моего отсутствия. Так что, в течение урока все мои мысли были, конечно же, дома. Помню после уроков я всегда бежала домой со скоростью «спринтера». Трясущимися руками открывала дверь, боясь найти что-нибудь ужасное. Часто я находила дочку по возвращении в истошном плаче или уставшей от крика и уснувшей на полу со слезинками на щёчках... Я чувствовала себя страшно виноватой, но не было выхода; хоть «рви на себе волосы» – не было выхода! Да, время было тяжёлое...

Спасибо всем добрым людям и друзьям, которые так или иначе мне помогали. Без этой поддержки я не выдержала бы.

ВОПРОСЫ

1. Какие изменения произошли в магазинах после перестройки?
2. Какой был рацион для младенцев в то время, и где можно было получить его?

XI.   SURVIVAL

At this time I was lucky to find a bit of work teaching English to children in a club. I recall with horror how I had to tie my daughter by her foot to a radiator, when it was time for me to go to the club for lessons and she was only two and a half. There was just nobody to leave her with. I would leave her for three hours tied by her foot with a cord a metre long so she could crawl around. My heart pounded from fear for my daughter; anything could happen, perhaps something terrible or unforeseeable, in my absence. In this way the whole time I was at work my thoughts were, of course, at home. I remember how after classes I used to run home as fast as possible like a sprinter. With trembling hands I'd open the door for fear of finding something terrible. Often on my return I found my daughter crying inconsolably or that she had fallen asleep on the floor with tears on her cheeks. I felt terribly guilty but there was just no way out, no other solution. It would make you tear your hair out. Times were hard.

Thank you to all the kind people and friends who helped me in one way or another. Without their support I would not have been able to handle it.

QUESTIONS
1. What made the first two years of Ducy's life so difficult?
2. How was it that the author and her daughter survived this period?

XII. НИТИ ПРОШЛОГО

«Бывает страшно ждать чего-то...
но страшнее, когда ждать уже нечего...»
Эрих Мария Ремарк

Описывать в деталях всю мою личную жизнь не буду – здесь пригодилось бы перо А.П.Чехова – «смех сквозь слёзы» или другого такого уровня мастера. Мне до такого уровня не дотянуться как бы я ни хотела. Скажу только, что жизнь моя была насыщенная, интересная и чрезвычайно эмоциональная...

Сейчас самой любопытно, почему же так осложнялось моё бытие гиперэмоциями, особенно, когда это касалось круга мужчин? Может оттого, что я росла без отца, и не было передо мной примера взаимоотношений между мужчиной и женщиной и семейных – между отцом и матерью? Возможно... Но нельзя также отрицать и вклада моего образа жизни в развитие сверхчувствительности моей натуры.

Я вращалась в двух совершенно разных по восприятию жизни группах людей: днём – физики, а вечером богема. Я оказалась на стыке двух миров, на разделяющей линии между правым и левым полушариями – логика и эмоции. Может быть, поэтому я впадала в осложнённые взаимоотношения с мужским полом, не имея первоначальной и определённой точки отправления. Я чувствовала часто растерянность.

В любом случае стоит упомянуть мне здесь немного об отце...уж, поскольку речь зашла о мужчинах.

Мне не было ещё и года, когда мой «*папенька*»[1] покинул нас. Как я уже говорила, это был самый тяжёлый

---

1 «папенька» – father (sarcastic)

XII.   *THREADS OF THE PAST*

"It can be frightening to wait for something…
but more frightening when there's nothing left
to wait for..."

Erich Maria Remarque

I won't describe my personal life in detail – useful here
would be the pen of Chekhov: 'Laughter through tears', or
some other author of similar stature. I could never attain such
a level however much I wanted to. I will say only that my life
has been satiated, interesting and full of emotion...

Now I am curious myself as to why my existence became
complicated with emotions, especially when it concerned
men. Maybe because I grew up without a father and had
no model of a relationship between a man and woman and
family, between father and mother. Possibly.. But one cannot
deny the contribution of my lifestyle to the development of
the hypersensitivity of my nature.

I moved in two groups of entirely different outlook:
physicists by day and bohemians by night. I proved to be
at the junction of two different worlds, on the dividing
line between the left and right hemispheres of logic and
emotion. Maybe this is why I fell into mutually complicated
relationships with the male sex, not having had any initial
definite basic starting point. I often felt bewildered.

In any case here it is worth mentioning a bit about my
father… since I have started to talk about men.

I was not yet a year old when my 'father' deserted us.
As I have said, this was the toughest year just after the

год после войны: голод, мама на тяжёлой работе без выходных, больная истощённая бабушка, моя сестра и я несколько месяцев «от роду». Не выдержал «папенька» трудностей и сбежал. Не заслуживает он доброго слова с моей точки зрения – оставил двух женщин и двух детей и никогда нам не помогал, исчез навсегда.

Спустя сорок пять лет после моего рождения я захотела, наконец, его встретить. Боль, которую я постоянно испытывала в детстве, чувствуя себя отвергнутой своим отцом, постепенно утихла к сорока годам. Мне хотелось увидеть его и задать ему всего один вопрос – почему он сбежал и изсчез, и никогда не помогал? Я хотела посмотреть в его глаза.

Я разыскала отца и, наконец-то, увидела своего родителя. Это был седой старик с голубыми глазами и довольно приятной внешностью, несмотря на преклонный уже возраст. Но я даже не знала, как к нему обратиться, как мне его назвать? Я не могла сказать ему: «Здравствуй папа», – никаких дочерних чувств я не испытывала. Я назвала его по имени и отчеству. Я была не одна – с Дусей, моей дочкой. На мой вопрос «почему?..» он ничего не ответил, только опустил глаза и сказал невразумительно, что как-то так получилось, что это жизнь, что это было давным-давно и просил его простить. Но никакого раскаяния я не прочитала на его лице. Он добавил также, что живёт сейчас один, что потерял жену и молодого сына от второго брака. Я не знаю почему он это сказал – может, потому, чтобы мы его пожалели, или в оправдание, что он был занят и жил с другой семьёй?

Беседа как-то не вязалась. Я почувствовала, что он не собирается спрашивать меня и рассказывать сам об этих прошедших врозь сорока с лишним лет. Не было у него

war: hunger, my mother having to do heavy work with no weekends off, a sick and exhausted grandmother and my sister, and myself just a few months old. My "poor little father" couldn't cope with the conditions and ran away. In my opinion this man deserves no kind words. He left two women and two children behind. Never once did he raise a finger to help us, he just disappeared forever.

After 45 years I finally wanted to meet him. The pain which I felt constantly in my childhood, the feeling of rejection by one's father, had gradually abated by my forties. I wanted to see him and pose just one question – why had he run out and disappeared and never helped. I wanted to look into his eyes.

I found my father and, at long last, set eyes on my parent. He was a grayed old man with light blue eyes and quite a pleasant appearance despite his by now declining years. I did not even know how to address him. What do I call him? I couldn't say to him "Hello Papa". I experienced no feelings that indicated I was his daughter. I called him by his last name and patronymic. I wasn't alone, my daughter was with me. To my question "Why?..", he gave no answer, just glanced away and muttered unintelligibly that such and such happened, that that's life, that it was a very long time ago, and he asked me to forgive him. But I saw no sign of repentance in his face. He added that he now lived alone, that he lost his wife and young son from his second marriage. I don't know why he told me this. Perhaps he wanted me to feel sorry for him or it was some kind of justification, that he was busy and lived with another family?

Conversation somehow failed to flow. I felt he was making no effort to ask me anything or tell me about the last forty or so years we had spent apart. He was neither interested

к нам интереса ни в лице, ни в голосе. Я же была в шоке от его, таких обыденных, слов: «Как-то так получилось». И мне стало больно, как в детстве, чувствуя себя опять нежеланной, опять отвергнутой. Он не пригласил нас даже в свой дом. Меня душили слёзы. Я положила рядом с «бывшим отцом» торт, который купила к чаю – я думала, что мы сядем, поговорим обо всём, обо всём на свете, попрощалась, и мы пошли прочь. Я не могла больше сдерживать слёз, и тут Дуся сказала:

– Не плачь, мама. – Мы жили без дедушки и мы проживём без дедушки! – Это ему будет плохо – ведь он старенький и совсем один.

Дочке было всего четыре года, и меня поразила эта детская логика и чуткое детское сердце. При поддержке своей мудрой дочки я успокоилась и вычеркнула отца из памяти своей теперь уж навсегда.

Однако, испуг быть брошенной и отвергнутой остался со мной на всю жизнь (спасибо, папа). Я никогда не верила до конца мужчинам, и поэтому при малейшем подозрении на неверность в моих личных отношениях я отступала в сторону. Я предпочитала уйти первая, сохраняя в своём сознании мысль, что это я бросила близкого, дорогого мне человека, а не он меня. В таком случае боль была терпимее, меньше страдало ранимое самолюбие. Я забиралась обратно в свою «раковину и захлопывала створки», только тогда я ощущала безопасность.

Жизнь показала мне, что наша сила и наши слабости – всё тянется из детства. В каком-то смысле жизнь можно представить себе в виде паутины, и в центре её – детство.

in seeing us face to face nor in hearing our voices. I was in shock because of his commonplace words like "It happened like this". It just hurt me all over again just like when I was younger. It left me with a feeling of being unwanted and rejected once again. He didn't even invite us back to his home. The tears were welling up. I placed next to my supposed father a cake, which I had bought for tea – I had thought we'd sit down and talk about everything, everything under the sun. I said goodbye and we headed off. I could hold back my tears no longer, upon which Ducy said:

"Don't cry Mama. We've been living without granddad and we'll carry on without granddad! It's his loss, look he's old and all alone.

Ducy was only four but I was struck by both her childlike logic and the sensitivity of her childlike heart. With the support of my wise little daughter I calmed right down and erased my father from memory forever.

However, the fear of being deserted and rejected has stayed with me my whole life. (Thank you father.) I no longer believed in men and as a consequence the smallest suspicion in my personal relationships would instantly drive me away. I preferred to move away first, choosing to believe I was the one who had thrown over a close, dear person in my life and not the other way around. In that way the pain would be more tolerable, my pride would suffer less. I retreated into my shell and slammed it shut. Only then did I feel safe.

Life has shown me that our strengths and weaknesses are all drawn from childhood. To some extent one can imagine life as a spider's web with childhood at its centre.

XII. НИТИ ПРОШЛОГО

На этом прервётся мой рассказ о России, так как последующие несколько лет я проводила в Англии, живя, работая, но всё время, имея в сознании неотвязную мысль, что вот-вот я вернусь обратно в Россию.

Я опишу эти годы, проведённые в Англии во второй части.

ВОПРОСЫ

1. Как отражаются взаимоотношения с родителями на нашей последующей жизни?

XII.   THREADS OF THE PAST

At this point I interrupt my tale of Russia because for the following several years I was living and working in England but all the time having in mind the constantly nagging thought that I would soon return to Russia.

I describe these years spent in England in the second part.

QUESTIONS

1.   The author's father deserted her when she was just a child. How did this affect her in her adulthood?

ЧАСТЬ ВТОРАЯ
ВЕЛИКОБРИТАНИЯ

О, эти избранники, этот маленький мир
Этот драгоценный камень, затерянный
в серебристости моря,
Которое служит ему крепостною стеной
Иль как ров до краёв, защищающий дом
От зависти не столь уж удачливых стран;
Этот благословенный край,
Эта земля, это Царство, это Англия.

Вильям Шекспир
Рйчард II

Я думаю, что эти главы будут особенно интересны для русских людей, изучающих английский язык и для тех, кто интересуется жизнью в Великобритании.

PART TWO
GREAT BRITAIN

"This happy breed of men, this little world,
This precious stone set in the silver sea,
Which serves it in the office of a wall
Or as a moat defensive to a house,
Against the envy of less happier lands;
This blessed plot, this earth, this realm, this England".
                                    William Shakespeare
                                    Richard II

This part will I think be of special interest to Russians learning English or interested in life in Great Britain.

I. ПРИГЛАШЕНИЕ В АНГЛИЮ

1. Стипендия

Итак, неожиданно пришла помощь, а вернее сказать, появилась возможность изменить ситуацию и обстоятельства, я надеялась, к лучшему.

Меня пригласили в Англию с лекциями о реставрации графики в России на полгода. Кроме того, была запланирована совместная работа в ведущих музеях Лондона и Кембриджа, а также частных студиях.

Мне дали стипендию большого поклонника искусства лорда Оппенгеймера, которая выделялась для особо отличившихся молодых талантов России. К большому сожалению, точнее сказать стыду за администрацию министерства, стипендия несколько раз исчезала при мистических обстоятельствах, где-то в глубинах этого самого Министерства.

Спустя какое-то время, я узнала кто был ответственен за этот «разбой», но я не хочу даже имени его упоминать. Это непорядочный человек, который к тому же угрожал оставить меня навечно безработной, если я кому-нибудь пожалуюсь и передам содержание нашего разговора. Это было абсолютно шокирующе. Он, видите ли, хотел послать свою «кандидатуру». Он меня настолько запугал, что я решила никуда не ехать и сидела тихо, «как мышка», не отвечая на письма англичан с вопросами «куда я пропала». Ведь англичанам не понять дикость произвола на государственном уровне, а у меня была маленькая дочка, которую нужно было кормить.

I.   *INVITATION TO ENGLAND*

1. Grant

Well, unexpectedly came help, or should I say an opportunity to change my situation and circumstances, I hoped, for the best.

I was invited to England for six months to give lectures on *The Restoration of Fine Art on Paper in Russia.* Furthermore, work experience and an exchange of ideas was planned at some leading museums in London and Cambridge and also in some private studios.

I was given a grant by Lord Oppenheimer, a big patron of the Arts, which was awarded specifically to the most outstanding young talent in Russia. To the great regret not to say shame of the Russian ministry administration, the grant mysteriously disappeared several times in mysterious circumstances, somewhere into the depths of the ministry.

After some time I found out who was responsible for this deceit but I don't even want to mention his name. This unscrupulous person was also threatening to leave me without work indefinitely if I complained and divulged the content of our conversation to anyone. This was absolutely shocking: he apparently wanted to send his own 'candidate' instead. He scared me so much that I decided not to go and sat quiet as a mouse without answering the English letters asking "Where are you?" (indeed an Englishman wouldn't understand the arbitrary cruelty at the state level), and besides, I had a small daughter who needed feeding.

Однако, англичане были не менее найстойчивы, чем этот «зарвавшийся *служака¹*». Они нашли путь в обход нашего министерства.

Мне позвонили из Британского Совета и попросили прийти на приём. Вот там мне и сказали, что стипендия моя и письменное официальное приглашение на моё имя несколько раз изчезали, но они не намерены *рыться в грязном белье²* министерства – они так и выразились. Эти деньги исчезли, и они не смогут их найти.

Они решили выделить мне деньги из фонда Британского Совета, потому что реставраторы в Англии ждут именно меня и не хотят принимать другого реставратора, которого они даже не знают.

Мне было невероятно стыдно за своих соотечественников услышать эту, более чем неприятную, историю. Ко мне очень хорошо отнёсся англичанин из Британского Совета, просил меня не волноваться больше и поздравил с благополучным завершением этой истории. К сожалению, я не запомнила его имени – это была, довольно, эмоциональная встреча; я получила слишком много неожиданной для себя информации.

2. Исключительные англичанки

Но я, конечно же, помню имена этих англичанок, благодаря настойчивости которых, моя поездка всё-таки состоялась. Это были ведущие представители Всемирного Института Реставрации Графики – Джейн и Катрин.

Мы познакомились во время их визита в Москву, который состоялся вскоре после перестройки в 1987

---

1 служака – old soldier, derogatory term for servant
2 рыться в грязном белье – going through dirty laundry

I.   INVITATION TO ENGLAND

However, the English were no less insistent than this 'local dictator' and found a way to get round our ministry.

I received a phone call from the British Council, asking me to come for an appointment. They told me that my grant and the written official invitation in my name had gone missing several times but that they were not willing to get involved in the ministry's dirty linen – as they put it. The money had gone missing and they would not be able to find it.

Instead, they decided to give me some money from British Council funds because the conservators in England were waiting specifically for me and were not willing to take on a different conservator whom they didn't even know.

I was thoroughly ashamed of my compatriots when I heard this somewhat unsavoury story. The man from the British Council treated me very well; he told me not to worry too much and congratulated me on the happy ending to the story. Unfortunately I don't remember his name – it was quite an emotional meeting; I had received too much unexpected information.

2. Exceptional English women

But of course I remember the names of those English women thanks to whose exceptional perseverance my trip took place at all. They were leading professionals of the Worldwide Institute of Conservators of Fine Art on Paper – Jane and Catherine.

I met them during their visit to Moscow, which happened just after *perestroika* in 1987. The leading conservators of

I.   ПРИГЛАШЕНИЕ В АНГЛИЮ

Staff at the All Russia Centre of Restoration in Moscow

году. Ведущим реставраторам Великобритании было интересно узнать, что происходит в России, какого профессионального уровня достигли реставраторы в смежной профессии, будучи совершенно отрезанными от западной школы. В их программу было включено посещение Всероссийского Реставрационного Центра в Москве, в котором я работала.

В то время, когда они пришли к нам в центр, я реставрировала пастель девятнадцатого века – портрет молодой девушки. Рисунок был выполнен на грунтованном холсте, что было, довольно, необычной комбинацией в графике. Холст был прорван в нескольких местах, были утраты грунта и пастели. Работа изначально выглядела очень сложной, и реставрационный комитет во главе с директором решили отправить её обратно в музей с заключением, что «ввиду руинированного состояния портрета, работа реставрации не подлежит».

A church in the Kremlin, Moscow

Great Britain were interested to know what was happening in Russia and what level of professionalism the Russian conservators had achieved, being completely cut off from the Western school. Their programme included visiting the All Russia Centre of Restoration in Moscow, where I was working.

At the time when they came to the centre, I was restoring a 19th century pastel portrait of a young girl. The drawing was on primed canvas, which was quite an unusual combination in the field of art conservation. The canvas was ripped in several places with loss of primer and pastel. The work initially looked very complicated and the committee of conservators, along with the director, had decided to just send it back to the museum explaining that the portrait was ruined and that restoration would not be possible.

I.   ПРИГЛАШЕНИЕ В АНГЛИЮ

Но я люблю сложности в работе, это всегда интересно, к тому же, я работала физиком – экспериментатором, люблю экспериментировать. Я попросила не отсылать обратно в музей этот портрет и убедила реставрационный комитет, что я постараюсь отреставрировать его до музейного уровня. Они подумали и решили дать мне эту возможность. Я была чрезвычайно счастлива, что могу попробовать свои силы на истинно руинированном объекте и выстраивала в голове последовательность реставрационного процесса, долго думала с чего начать.

И вот, как раз, где-то в середине процесса реставрации этого портрета к нам в центр пришли англичанки – Джейн и Катрин. Они увидели работу в процессе реставрации,

Portrait of a young woman — before restoration

But I enjoy complicated work: it's always interesting and besides, having worked as an experimental physicist I like to experiment. I asked them not to send the portrait back to the museum and convinced the committee of conservators that I would try to restore it to museum standards. They thought about it and decided to give me the opportunity. I was extremely happy that I could test my strength and knowledge on this truly ruined piece and spent a long time thinking about where to begin the restoration process.

And then, all of a sudden, half-way through the process of restoring the portrait, the English women Jane and Catherine came to our centre. They saw the work in the process of

Portrait of a young woman — after restoration

посмотрели фотографии портрета до реставрации, и эта работа произвела на них большое впечатление.

Вот, именно тогда, я думаю, они и решили пригласить меня в Великобританию с лекциями о реставрации графики в России и с показом слайдов этого портрета в процессе реставрации. Они сказали, что пришлют мне официальное приглашение. Ну, а что случилось потом, я уже рассказала.

3. Подготовка к отъезду

Итак, благодаря Джейн и Катрин, а также Британскому Совету, я начала готовиться к отъезду. Нужно было вспоминать английский язык и подготовить доклад о реставрации портрета и лекции о реставрации в России на английском языке. Это была радость, смешанная с возбуждением и со страхом.

Дело в том, что я никогда прежде не была за границей. Жизнь наша была относительно беззаботна и беспроблемна, как я уже говорила, но единственно, что мы не могли – это делать выезды за границу, мы были *невыездные[1],* так сказать. Естественно, дипломаты и другие высокопоставленные лица были свободны от этих ограничений.

Однако, произошла перестройка, как вы все знаете, которая принесла политические и экономические структурные изменения. Двери страны распахнулись, и теперь любой гражданин России мог по приглашению и беспрепятственно поехать в любую страну.

Моя другая большая забота была – с кем оставить мою девочку, ведь ей было всего два с половиной года. Да и вообще, могу ли я ехать, оставляя такого маленького

1 невыездные – we couldn't have visas to go abroad

restoration, and some photographs of the portrait before the work had begun and it made a big impression on them.

I think that was the moment when they decided to invite me to Great Britain to lecture on art restoration in Russia and show slides on the process of restoring that portrait. They told me they would send an official invitation. What happened next I've already told you.

3. Preparations for departure

So, thanks to Jane and Catherine and also to the British Council, I began to prepare to leave. I needed to recall some English, and to prepare a paper on restoration of the portrait and lectures on conservation in Russia – in English! This was joy mingled with excitement and fear.

The fact was, I had never before been abroad. Our lives were relatively carefree and stress free but, as I've already said, the one thing we could not do was to go abroad; we were involuntary stay-at-homes, so to speak. Naturally diplomats and other high-ranking people were free from these restrictions.

However, as you all know, *perestroika* happened which brought about huge political and economic changes. The gates of the country were thrown open and now every citizen of the country could, with an invitation, travel to any country unimpeded.

My other major concern was with whom to leave my little girl, seeing as she was only two and a half. And in general could I even go at all, leaving such a small child for such a

I.   ПРИГЛАШЕНИЕ В АНГЛИЮ

My sister

ребёнка на такое длительное время, к тому же голодное время. Я не знала, колебалась и уже готова была отложить поездку, может быть на год.

Но, пришла на помощь сестра и моя племянница. Они меня заверили, что моей дочке будет хорошо с ними, и я на них надеялась, как на саму себя. «Поезжай, поезжай и ни о чём не беспокойся», – уговаривали они меня. Я знала, что племянница моя ужасно любила Дусю, и её слово давало некоторое облегчение моим страхам и волнениям.

Итак, я решилась отправиться в Великобританию.

ВОПРОСЫ
1.   Как называлась стипендия?
2.   Что случилось со стипендией?

INVITATION TO ENGLAND

My niece

long time and in this period when food was scarce? I wavered
and was prepared to delay the trip perhaps for a year.

However, my sister and niece came to the rescue. They
assured me that Ducy would be fine with them and I trusted
them as I would myself. They implored me "Go, go, and
don't worry about a thing". I knew my niece adored Ducy
and her words gave some relief to my worries and fears.

And so, I decided to set out for Great Britain.

QUESTIONS
1. How did the author get out of her situation?
2. Why was she invited to Britain?

II. *ПРИКЛЮЧЕНИЯ РУССКОЙ В АНГЛИИ*

«Я собираюсь искать грандиозное,
может быть ....»

Франсуа Рабле

1. Гостиница

Меня снабдили всеми необходимыми документами,
и первые два дня я должна была остановиться в отеле
«Regent», который находится в самом центре Лондона
на Regent Street.

Мои приключения начались уже в этой гостинице.
Она была роскошная, и номер – тоже великолепный.
Однако, я не могла найти в номере не только ванной
комнаты, но также и туалета. После долгой дороги,
естественно, хотелось бы освежиться и найти «powder
room», как называют туалет англичане. Я подёргала и
потолкала все двери, которые находились в номере, но
всё было безуспешно, ни одна из них не открылась легко.
Боясь что-либо сломать, я решила лечь спать. Кое-как я
дождалась утра.

Утром мне нужно было спуститься к завтраку. Я
надеялась, что, может, увижу дежурную по этажу (в
русских гостиницах они дежурят 24 часа), но в коридоре
не было ни души[1].

В ресторане на завтрак был такой выбор, что у меня
закружилась голова после голодной Москвы. Однако, я
не знала, что в английских гостиницах завтрак включён
в стоимость номера (в русских – нужно платить за
него отдельно). Денег мне ещё не дали, я должна была
получить их в банке только через два дня. Гостиницу
оплатил Британский Совет. Моих же личных денег

1 не было ни души – colloq., there was nobody, not a soul

II. ADVENTURES OF A RUSSIAN IN ENGLAND

> "I'm going to look for something grandiose,
> maybe…"
>
> Francois Rabelais

1. Hotel

I received all the necessary documents and for the first two days I had to stay in the Regent Hotel, located right in the centre of London on Regent Street.

My adventure started in this hotel. The hotel was luxurious and my room was also magnificent. However, in the room I could find neither the bathroom nor the toilet. After the long journey I naturally wanted to freshen up and find the 'powder room' as the British call a toilet. I pulled and pushed all the doors in my room but all were firmly closed and none of them opened easily. Scared of breaking something, I decided to go to sleep. Somehow I made it through till morning.

In the morning I needed to go downstairs to breakfast. I hoped I'd find a maid on my floor (in Russian hotels there are maids 24 hours a day) but there was not a soul in the corridor.

In the restaurant there was so much choice for breakfast that my head began to spin after the hunger of Moscow. However, I didn't know that in English hotels breakfast was included in the price of the room (in Russia you have to pay for it separately). I hadn't got my money yet, I had to get it from the bank in two days time. The hotel was paid for by

хватало только на кофе. Так что, я выпила только маленькую чашечку кофе, но спросить кого-то, где здесь «powder room» я постеснялась. На мой взгляд, люди выглядели неприступными. Я посмотрела на всё это великолепие, понюхала, облизнулась и отправилась наверх в своё роскошное заключение.

Я находила моё положение нелепым, смешным и крайне дискомфортным. Решила лечь и не двигаться, чтобы сохранить энергию при отсутствии пищи, и, к тому же, отсутствие «powder room» беспрестанно о себе напоминало. Я с ужасом думала, что впереди ещё два дня, и только на третий я встречалась с организатором моей поездки Катрин.

Не буду описывать мои мучения в течение этих двух дней – каждый, я думаю, может себе это представить! По-моему, легче перенести голод в течение месяца, чем отсутствие «powder room» в течение почти трёх дней. Так что, когда я, наконец, встретилась с Катрин, то пренебрегая этикетом и даже элементарной вежливостью, я сразу попросила отвести меня в это «желанное заведение». Представляю, что она обо мне подумала! Но мне в тот момент было уже всё равно, я могла бы задать тот же самый вопрос и Английской Королеве в моём положении.

Потом Катрин пригласила меня в свою студию и показала мне план посещения музеев и других частных студий, где я должна была работать совместно с английскими реставраторами. В моей голове и в руках были все инструкции.

Итак, я в Лондоне – «*Маня*»![1]

Я, конечно, из Москвы, которая не меньше Лон-

1 «Маня» – ironic, means simple girl

the British Council. My own money would have only been enough for a coffee, so I drank only a tiny cup of coffee, and was too shy to ask someone where the 'powder room' was. To my eyes, people looked unapproachable, and so I looked at all this splendour, licked my lips and went upstairs to my luxurious seclusion.

I found my position absurd and comical but also extremely uncomfortable. The lack of food and absence of a toilet were a constant reminder so I decided to lie down and not move to conserve energy. I thought, with horror, that there were still two days and only on the third was I to meet with the organizer of my trip, Catherine.

I won't describe my suffering during these two days – I think everybody can imagine! In my opinion, it's easier to endure hunger for a month than the lack of a 'powder room' for nearly three days. So, when I finally met up with Catherine, ignoring all etiquette and elementary manners, I immediately asked to take me to this most desired establishment. I can imagine what she could have thought about me! But by that point I was past caring: in my situation I could have asked the same question to the Queen of England.

After that, Catherine invited me to her workshop to show me the schedule for visiting museums and other private studios where I would need to work alongside the English conservators. In my mind and in my hands now were all my instructions.

And so here I was in London! Little me[1]!

I was, of course, from Moscow which was no smaller

1   Маня – classic village girl's name (or Вася for a boy)

дона, но здесь чужой язык, обилие впечатлений и необходимость постоянно принимать почти-что жизненно важные решения – всё это навалилось на меня. Это был действительно «*испытательный полёт с приземлением*[1]».

По моим расчётам уверенности в себе мне должно было бы хватить на эту поездку, но очень уж было много впереди непредвиденных обстоятельства. Так что, я постаралась собрать воедино все свои усилия, знания, волю – короче, собралась в «целеустремлённый *колобок*[2]» и покатилась навстречу английской жизни.

Однако, *непредвиденные обстоятельства* не заставили себя долго ждать. Возвращаясь от Катрин, я увидела супермаркет и решила заглянуть в него, чтобы убедиться, что я не буду голодать здесь, в Англии. Я увидела изобилие, превосходящее самую необузданную фантазию в голове русского человека. Этот шок вызвал спвзм в горле, потому что я представила мою голодающую семью в России. Не могла есть после этого почти три недели. С большим трудом мне удалось вернуться к натуральной способности глотать твёрдую пищу. Так что, изобилие иногда вовсе не идёт *впрок*.

2. Знакомство в банке

Моей следующей остановкой был Английский Банк. После наших скромных сберкасс доперестроечного периода с невероятными очередями во все окошки, Английский Банк произвёл на меня впечатление финансового дворца.

Пришла я в банк получить свою стипендию. У окошка

1 Test flight with landing – i.e. a challenge
2 колобок – refers to an adventurous ball-shaped loaf in folk tales

than London, but here there was a different language, a lot of new impressions and the constant necessity to make vital decisions – all this fell on my shoulders. It was a real challenge.

In my reckoning my self-confidence should have been enough for this trip but there were a lot of unpredictable circumstances ahead. Thus, I tried to gather up all my strength, knowledge and willpower – in short I pulled myself together and rolled onwards to English life.

However there was not long to wait for an unpredictable circumstance. On the way back from Catherine, I saw a supermarket and decided to pop in just to be sure I wouldn't be starving here in England. I beheld a cornucopia, beyond the most unbridled fantasy in a Russian person's head. The shock caused a spasm in my throat as I imagined my family starving in Russia, and I couldn't eat for nearly three weeks. It was with great difficulty that I managed to return to my natural ability to swallow solid food. So sometimes a plethora may do you no good.

2. Acquaintance at the bank

My next stop was an English bank. After our modest savings banks of the period pre-perestroika with incredibly long queues at all windows, the English bank gave the impression of a financial palace.

I came to the bank to get my allowance. There were three

человека три. За мной стояла симпатичная молодая девушка. Я показала письмо и объяснилась, как могла, на своём ломаном английском.

К моей большой радости меня поняли и деньги дали. Не успела я отойти от окошка, как эта молодая девушка, которая стояла за мной, останавливает меня и представляется. Она мне задала несколько вопросов, на которые я ответила с максимальной открытостью. Потом она пригласила меня в кафе, проявив явный, и мне показалось, неподдельный интерес к моей командировке. Я же в свою очередь была очень рада завести друзей и поэтому приняла приглашение с благодарностью и радостью.

Вечерело. Мы сели в её машину и куда-то поехали. В машине я заметила, что она всё время почёсывалась. Я её спросила, кусают ли её комары, потому что меня никто не кусал, и я не видела никаких комаров в машине. Она ответила что-то, короче, я не поняла. Для меня этот факт ничего абсолютно не значил.

Остановились. Было уже совсем темно. Мы пошли какими-то ужасно тёмными и узкими переулками.

Надо сказать, что начитавшись английских классиков, я беззаветно и безгранично доверяла всем без исключения англичанам. У меня было впечатление, что это чистая страна, населённая чистыми, честными людьми, поэтому мне даже не закралась в голову мысль, что со мной может произойти какая-то неприятная история. Мы шли этими узкими переулками, тьма была кромешная, однако, глядя по сторонам, я заметила какие-то групповые, вполне возможно, сексуальные сплетения тел и стоны. В свете луны всё это производило ощущение, как-будто ты являешься участником фильма ужасов. Но, я доверяла

people at the window. Behind me stood a likeable young girl. I showed the letter to the cashier and explained, as much as I could, in my broken English.

To my great joy, they understood me and gave me the money. I didn't manage to step away from the window as the young girl stopped me and introduced herself. She asked me several questions which I answered with complete openness. She then invited me to a cafe, having revealed an obvious and, it seemed to me, genuine interest in my mission. I in turn was very glad to find a friend and therefore accepted the invitation with gratitude and gladness.

It was getting dark. We got into her car and went somewhere. In the car I noticed she was constantly scratching. I asked her if mosquitoes were biting her because none were biting me and I saw no mosquitoes in the car. She replied something that I didn't understand. For me the scratching meant absolutely nothing.

We came to a stop. It was already quite dark. We passed on foot through some terribly dark and narrow alleyways.

I must say that having read some English classics I selflessly and without limit entrusted everything to Englishmen without exception. I had the impression that this was an honest country populated by pure honest people, so the thought that something unpleasant could happen to me never entered my head. We walked along a narrow alleyway in pitch darkness, but looking to the side I noticed some group with a quite possibly sexual interweaving of bodies, accompanied by moans. In the light of the moon it all gave one the sensation of being a participant in a horror film. However I trusted

девушке, поэтому превозмогая закрадывающийся страх и недоумение, я просто спросила: «Далеко ли ещё до кафе?» – она ответила, что мы почти пришли.

И в самом деле, скоро мы вышли на освещённую улицу, и я вздохнула с облегчением, ведь со мной были абсолютно все мои деньги, вся стипендия, которую мне выплатили в банке.

В кафе она закидала меня вопросами, на которые я добросовестно и открыто отвечала, ничего не подозревая и, кстати, в конце нашей беседы она поинтересовалась моими бриллиантовыми серёжками, которые были наследием моей бабушки и стоили около трёх тысяч фунтов (как я потом, через десять лет узнала).

Как мне показалось, я удовлетворила её любопытство, и она сказала, что хотела бы продолжить наше знакомство и пригласила меня на карнавал, который должен был состояться через пару дней. Мы обменялись телефонами. Однако, на её предложение подвезти меня к дому, где я остановилась, я вежливо отказалась. Не хотелось проделывать этот обратный путь к машине; впечатление от сплетённых тел и стоны не выходили у меня из головы. Я взяла такси. Она пообещала заехать за мной, чтобы потом вместе ехать на карнавал, где она хотела представить меня её друзьям. Я была чрезвычайно довольна новым знакомством, и мне не терпелось пойти на карнавал и познакомиться с группой других англичан. «Жизнь мне улыбается», – думала я тогда.

Я приехала в дом, где я остановилась, поздно, и хозяйка квартиры поинтересовалась где я пропадала. Я ей всё рассказала о нашей встрече.

По-моему она пришла в ужас; но, конечно, англичане сдержанны, даже когда они приходят в ужас. Она мне

the girl so, overcoming a growing fear and bewilderment, I simply asked: "Is it still far to the cafe?". She answered that we'd almost arrived.

And in fact soon we came to a well lit street and I sighed with relief given that I had on me the entire sum of money, the whole stipend, paid to me at the bank.

In the cafe she plied me with questions which I honestly and openly answered, suspecting nothing, and, by the way, at the end of our conversation she inquired about my diamond earrings which were inherited from my grandmother and cost about three thousand pounds (as I discovered ten years later).

I appeared to satisfy her curiosity, and she said she'd like to continue our acquaintance and invited me to a carnival which was to take place in a couple of days. We exchanged phone numbers. However, at her offer to take me home to where I was staying, I politely refused. I did not wish to retrace the route back to the car; the impression of writhing bodies and moans wouldn't leave my head. I took a taxi. She promised to drop in for me in order to then go together to the carnival, where she wanted to present me to her friends. I was extremely content with my new acquaintance and impatient to go to the carnival and be introduced to a group of other English. "Life is smiling on me", I thought then.

I arrived at the house where I was staying, late, and the apartment landlady inquired where I had disappeared to. I told her all about our encounter.

In my opinion she was horrified, but of course the English restrain themselves even when horrified. She told me I'd got

сказала, что я очень легко отделалась, и, что не только мой кошелёк и мои серёжки, но и моя жизнь были в опасности.

Я ей, честно говоря, не поверила, и сказала, что она преувеличивает. Тогда она меня спросила, видела ли я её руки и что я заметила. Я сказала, что она всё время чесалась и на руках было очень много следов как-будто от уколов, но я этому не придала значения, я подумала, что это, может, комары её искусали. Она не поверила моей неискушённости. «Какие комары!» – выдохнула она, это наркотики! А чесалась она потому, что ей уже было *невтерпёж уколоться[1]*, и ей нужны были Ваши деньги на наркотики. Я просто не верила тому, что я слышала. Это был удар по моей доверчивости благородным англичанам.

Я никогда не принимала наркотики – никакие, и ни в каком виде; откуда мне было знать, как выглядят наркоманы и какие у них привычки! Я никогда даже не слышала, чтобы в России в то время была эта проблема; насколько я знаю, её просто не было. Итак, моя Landlady сказала мне, что ни при каких обстоятельствах я не пойду на карнавал. Я очень огорчилась, но спорить с ней, конечно же, не стала. Она позвонила этой девушке и что-то говорила очень возбуждённым и сердитым тоном. Я поняла только, что она ей пригрозила, что позвонит в полицию.

Больше эта симпатичная и загадочная наркоманка не появлялась. Я расстроилась с одной стороны, что была таким олухом и не попаду на карнавал, но с другой стороны я верила в добрые намерения моей хозяйки, и что она хотела меня оградить от неминуемых неприятностей; я должна была быть ей благодарна.

1 невтерпёж уколоться – quick fix, to take drugs

off very lightly and that not only my purse and earrings but also my life had been in danger.

I, honestly speaking, didn't believe it and told her she was exaggerating. She then asked me if I'd seen the girl's arms, and what I had noticed. I said that she was always scratching and there were a lot of marks on her arms as though from pricking but this didn't mean much to me, I thought mosquitoes had bitten her. The landlady didn't believe my inexperience. "What mosquitoes!" she spluttered, "Those are from drugs! She scratched because she urgently needed a fix and Your money for drugs." I simply did not believe what I had heard. This was a blow to my trust in noble Englishmen.

I had never taken drugs – of any sort and in any form; from where would I have known what addicts look like and how they behave! I never even heard that there was this problem in Russia at that time; as far as I know, there was not. Thus my landlady told me that under no circumstances would I go to the carnival. I was upset but to argue with her was out of the question. She rang the girl and said something in a very excited and angry tone. I understood only that she threatened to call the police.

The likable and mysterious druggie appeared no more. I was upset that on the one hand I'd been such a fool and wouldn't get to the carnival but on the other hand I trusted the good intentions of the landlady and that she wanted to protect me from unavoidable troubles; I had to be grateful to her.

Таков был мой первый опыт в Английском Королевстве.

3. Работа и общение

Работа в частных студиях перемежалась с докладами в Британском музее, музее Виктории и Алберта и Кембридже. Реставраторы, как я уже говорила, люди особенные. Оказалось, что не только в России, но и в Англии тоже. Они проявили большую доброжелательность, заинтересованность и дали мне возможность почувствовать себя как дома – раскованно. И, Боже мой, были так терпимы к моему английскому.

Делясь с ними опытом реставрации в России, я сама узнавала много нового о материалах и методиках реставрации на западе. Дело в том, что до перестройки Россия была закрытой страной, и не было обмена опытом с западом. Реставрация в России развивалась своим непроторённым путём, тогда как на западе информация поставлялась через различные профессиональные журналы, всемирные конференции и совместную работу реставраторов из разных стран.

Гостеприимство реставраторов было, я бы сказала, *на широкую ногу[1]*. Часто я получала приглашение посетить чей-нибудь дом, или меня приглашали в ресторан на какую-нибудь экзотическую кухню. А бывало сразу после доклада мы шли в знаменитый английский Паб, где разговоры затягивались до самого закрытия. Кроме того, я была приглашена несколько раз посетить дома знатных англичан, где устраивались, так называемые, «Garden Party».

1 на широкую ногу – expr., to show unstinting generosity

II.   ADVENTURES OF A RUSSIAN IN ENGLAND

This was my first experience in the 'English Kingdom'.

3. Work and contacts

Work in the private studios alternated with the reports in
the British Museum, the Victoria and Albert Museum, and
Cambridge. Restorers, as I've said, are special people; it
turned out so not only in Russia but also in England. They
showed great generosity and interest, and made me feel at
home, relaxed. And heaven knows, they were patient with
my English.

After sharing with them the experience of restoration
in Russia, I myself learned much that was new about the
materials and methods of restoration in the West. The fact
is that before *perestroika*, Russia was a closed country
and there was no exchange of experience with the West.
Restoration in Russia developed in its own particular ways
whereas in the West information was supplied through
different professional periodicals, world conferences and
the cooperation of restorers from different countries.

The hospitality of restorers was, I would say, unstinting[1].
Frequently I got an invitation to visit someone's house, or
they invited me to a restaurant with some exotic cuisine or
sometimes immediately after the report meeting we went
to a good old English Pub, where conversation went on till
closing time. Furthermore, I was invited several times to visit
the notable houses of well-known Englishmen, where they
were having a so-called 'garden party'.

---

1   Russian says 'with long strides'

II.   ПРИКЛЮЧЕНИЯ РУССКОЙ В АНГЛИИ

Это нужно описать. У нас ведь нет такой возможности в России – устроить такой праздник в саду; просто-напросто садов при квартирах нет. Так что, это чисто английская сторона жизни. А в Англии владелец большого дома приглашает множество уважаемых профессиональных людей и друзей, и весёлое времяпрепровождение протекает в саду; (говорят, что в Англии всегда дождь – не всегда). Элегантные официанты постоянно обносят гостей вином и маленькими, на один зуб, закусочками на коктейльных палочках. Неизвестно, что ты стягиваешь в рот с этой палочки, но очень вкусно, и притом как практично – положил палочку обратно на поднос и посуду мыть не надо.

Я, надо сказать, немного успевала полакомиться с этих палочек, потому что постоянно с кем-то говорила и рассказывала о положении дел в России после перестройки.

Я думаю, что в то время в Англии было немного русских, и я чувствовала себя как диковинный зверь в зоопарке – всем хотелось посмотреть на живого русского человека и поговорить со мной. Интерес к политической и экономической ситуации в России в то время был огромный. Что интересно – вопросы задавались совершенно разными людьми, но были они почти одни и те же.

К концу моего пребывания в Англии я почти наизусть знала все свои ответы – выучила через повторение. Кстати, я помню, что пыталась сломать стереотип русского человека – как угрозу западу, а также разрушить мнение, что в прежней России в послевоенное время и во времена застоя (Брежневский период) у нас были сплошь чёрные дни. Ничего подобного!

This needs to be described. Indeed we have no possibility in Russia of holding this feast in the garden; quite simply there are no gardens in apartments, so that this is a purely English aspect of life. In England the owner of a large house invites a lot of respected professional people and friends and a merry time is had by all in the garden (they say it always rains in England, but not always). Elegant servants constantly serve the guests with wine and small one-bite delicacies on cocktail sticks. It's not generally obvious what you're putting in your mouth with this stick but it's very tasty; and besides it's practical – you put the stick back on the tray and there's no need to wash up.

I, it needs to be said, didn't manage much of a feast from these sticks because I was constantly talking with someone and telling them about the state of affairs in Russia after *perestroika*.

I think that in England at that time there were few Russians and I felt like a wild animal in the zoo – everyone wanted to see the live Russian and to talk to me. There was a huge interest in the political and economic situation in Russia at that time. What was interesting was that the questions were asked by quite different people but they were almost the same.

Towards the end of my stay in England I knew all my answers almost by heart – learned through repetition. By the way, I remember I attempted to break the stereotype of a Russian person as a threat to the West, and also to demolish the view that in former Russia, post war and in the times of stagnation (the Brezhnev period), these were for us only dark days. They were nothing like it!

II. ПРИКЛЮЧЕНИЯ РУССКОЙ В АНГЛИИ

Как я уже упоминала – у всех была работа и все *имели крышу над головой[1]*, иначе говоря, все советские люди имели самую высокую степень социальной защиты. Мы не жили в страхе перед завтрашним днём. Будущее каждого человека было более или менее определённым. Среднее образование в школах и высшее образование в университетах и институтах было на очень высоком уровне и, притом, совершенно бесплатное.

Кстати, именно в этот период искусство в Советском Союзе субсидировалось из государственного фонда и подарило миру много известных и прославленных имён – как в балете, так и в музыке, литературе и изобразительном искусстве. Да, надо сознаться, что у творческих людей были *«некие[2] рамки»* – как то: создавать в стиле «социалистического реализма», но будучи мега-интеллектуальными профессионалами они неизменно находили пути в обход. Это даже помогало их творческой изобретательности – взять, например, «Собачье сердце» М. Булгакова, или сочинения братьев Стругацких, или «Двеннадцать стульев» Ильфа и Петрова, или потрясающего детского писателя С. Маршака, где он нарисовал образ Сталина через грозного усатого таракана.

Я просто не могу в этой книге дать анализ литературы и искусства этого времени – у меня несколько другие задачи, но я хотела бы заметить, что не было никакой «трагедии» в искусстве – это всё слишком преувеличивалось в западной прессе того времени. И, кроме того, это в какой-то степени касалось главным образом литераторов; а балетмейстеры, композиторы и художники были абсолютно свободны в проявлении творческого гения.

1 иметь крышу над головой – expr., to have accommodation
2 некие – same as некоторые: some

As already mentioned, there was work for all and they all had a roof over their head; in other words, all Soviet people had the highest degree of social security. We didn't live in fear of tomorrow. The future of each person was more or less determined. Secondary education in schools and higher education in universities and institutes was at a very high standard and completely free besides.

Incidentally, precisely during this period, art in the Soviet Union was subsidized from state funds and gave the world many famous and celebrated names – both in ballet and music, literature and fine arts. Yes, it must be admitted for creative people there were certain boundaries so as to create in the style of 'Socialist Realism' but being mega-intellectual professionals they invariably found ways around that. This even helped their creative resourcefulness – to take, for example "Canine Heart" by M Bulgakov, or the works of the Strugatsky brothers, or "Twenty Chairs" by Ilf and Petrov, or yet the staggering children's writer S Marshak where he caricatured Stalin as a scary moustachioed cockroach.

I simply cannot in this book give an analysis of the literature and art of this time – I have numerous other tasks – but I would want to note that there was no 'disaster[1]' whatsoever in the arts; this was all exaggerated in the western press of that time. And furthermore, this in some degree concerned mainly writers; but ballet, composers and artists were completely free in the manifestation of their creative genius.

1   meaning the restrictions generally had little effect

Я могла бы назвать десятки прославленных на весь мир имён, взрослых и расцветших в это «застойное время» – опять же, нет возможности, но люди, интересующиеся искусством этого периода знают эти имена сами.

4. Приглашение на Бал

Ещё заслуживает описания на мой взгляд приглашение на бал, который устраивался консервативной партией, когда Маргарет Тэтчер была во главе кабинета. Бал был в отеле «Savoy», одном из самых престижных отелей в Лондоне.

Мне было сказано, что на таких балах существует, естественно, «dress code», и я должна обязательно иметь *платье в пол*[1], жемчуг и меховое манто, что свидетельствовало бы о моём привилегированном классовом положении в обществе. «Какое меховое манто в начале ноября при температуре +15 вечером?» – подумала я. Но, уж очень хотелось попасть на бал, и я решила посоветоваться с моими новыми английскими друзьями.

Англичане охотно пришли на помощь: *матушка*[2] Мариамна одолжила мне две нитки настоящего жемчуга и манто, которое, кстати, потом она упросила меня взять с собой в Россию. «У вас ведь холодно», – сказала она, – «а по балам я уже не хожу». Но манто мне так и не пригодилось – балы в Москве не устраивались в то время. Я отдала его потом тёте в деревню – пусть пощеголяет. Помню, она всё удивлялась: «И почему это у «шубы» нет ни одной пуговицы?» Ей ведь даже в голову не могло прийти, что такую дорогую шубу просто накидывают на плечи для обозначения социального статуса. Она же

1 платье в пол – long dress
2 матушка – the wife of an orthodox priest

I could name dozens of names famous throughout the world who grew and blossomed in this 'stagnant' time – again not possible here – but people interested in the culture of this period will know these names themselves.

4. Invitation to the Ball

It's worth mentioning my invitation to a ball which was organized by the Conservative party when Margaret Thatcher was prime minister. The ball was at the Savoy Hotel, one of the most prestigious hotels in London.

I was told that at such balls there was a 'dress code' and that I absolutely had to have a floor-length dress, pearls and a fur mantle which would be proof of my upper-class status in society. "What fur coat, at the beginning of November in evening temperatures of plus 15 degrees?" I thought, but I really wanted to get to the ball so decided to ask the opinion of my new English friends.

My friends willingly came to the rescue: Matushka Mariamna leant me two strings of real pearls, and a fur mantle which incidentally she persuaded me to take back to Russia with me. "It's cold there" she said, "and I don't go to balls anymore." But the fur mantle didn't come in useful for me – balls in Russia were not held at that period. I then gave it to my aunt in the country to let her show it off. I remember she was astonished that the coat didn't have a single button. It just never entered her head that this expensive coat was just draped over the shoulders to signify social status, but she donned it to go to the cowshed

её накидывала, чтобы пойти в коровник или свинарник, так что она пришила большие русские пуговицы на элегантное английское манто. Вышло очень смешно, но она была очень довольна – ей было тепло зимой.

Сестра лорда, который пригласил меня на бал, – Сэра одолжила мне чудеснейшую шёлковую, всю в перелинах, блузку и парчовую юбку «в пол». Я чувствовала себя «золушкой», которую одарили добрые волшебники. Когда Сэнди, так звали этого «*светского льва*»[1], спросил меня всё ли у меня готово к балу, я ответила, что поставленные условия выполнены. Он спросил меня также и о туфлях, которые, кстати, в Англии имеют первостепенное значение.

Как мне объяснил Сэнди, первое впечатление о человеке и о принадлежности к классу англичане выносят по стилю и качеству обуви. А о туфлях я сама и не подумала. У меня были какие-то из России, весьма невзрачные. Когда я показала их Сэнди, он отклонил их на почве «неанглийского бального дизайна», и мы пошли в эксклюзивный итальянский магазин покупать для меня туфли.

Для меня это оказалось *сущей пыткой*[2] поначалу. Я не привыкла к тому, что когда ты заходишь в магазин купить пару туфель, то к тебе подскакивает владелец магазина и говорит: «какая ты очаровательная, и какая у тебя элегантная одежда». Я была невероятно смущена, тем более я знала, что никакой элегантной одежды на мне не было.

Потом он предложил нам кофе, и за чашкой кофе Сэнди объяснил ему, что нам нужно и по какому случаю. Владелец магазина обмерил мою ногу и, довольно

1 светский лев – upper class person with a title
2 сущая пытка – real torture

238

or pigsty. For this she sewed large Russian buttons on the elegant English fur mantle. It looked quite ridiculous but she was more than content – and warm in the winter.

The sister of the Lord who had invited me to the ball, Sarah, lent me a wonderful silk ruffled blouse and a floor-length brocade skirt. I felt like Cinderella who had been blessed by kind magicians. When Sandy (that was the name of this 'society lion') asked me if I had everything ready for the ball, I replied that all requirements were met. He asked me the same thing about shoes, which evidently in England were of paramount importance.

As Sandy explained it to me, the first impressions of a person and what class they belonged to in England were conveyed by the style and quality of their footwear. I hadn't thought much about shoes myself, I had some from Russia which were fairly unprepossessing. When I showed them to Sandy he deemed them of unsuitable design for an English ball and we went to an exclusive Italian shop to get me some shoes.

For me this proved to be a real torture at first. I wasn't used to walking into a shop to buy shoes and have the manager rush up to me and say; "How charming you are and what elegant clothes you have!" I was quite embarrassed, and all the more so since I knew I didn't have on any elegant clothes whatsoever.

He then offered us coffee, and over drinking it Sandy explained to him what we needed and for what occasion. The manager measured my foot and quite quickly returned

скоро, вернулся с парой потрясающих, мягчайшей замши чёрных туфель с перепоночками и на каблучке. Удивительна была профессиональность этого владельца магазина. Туфли подошли мне сразу, были невероятно удобны и столь же невероятно элегантны. Они не были «хрустальными», но это были, есть и будут лучшие туфли в моей жизни. О цене даже и не спрашивайте – цена была *зашкальная¹*.

Сэнди одобрил выбор владельца магазина – стиль и качество; туфли ему тоже понравились, и он расплатился, не моргнув глазом – не забудьте, туфли представляют личность лучше визитной карточки.

Когда я попыталась вернуть ему деньги за туфли, Сэнди, как я и предполагала, не захотел об этом слышать. Он сказал, что поскольку он пригласил меня на бал, то он ответственен за мой имедж – точка! Я, конечно же, была рада получить в подарок такие потрясающие туфли – что тут *душой кривить²*. Сама бы я в жизни не купила бы себе такие «бешено доргие» туфли – хорошо, что существуют мужчины, хорошо, что существуют лорды!

5. Омар в ресторане

Итак, довольные, мы отправились в ресторан немного перекусить. Немного отвлекусь, но это тоже стоит интереса. В ресторане Сэнди спросил меня: «Ела ли я когда-нибудь 'lobster'?»

– Конечно, нет,– ответила я. Я даже не знаю, как они выглядят, только встречала это слово в книгах при описании меню во французских ресторанах.

Тогда он заказал официанту две порции «lobster» для

1 зашкальная – colloq., very expensive
2 душой кривить – expr., not to be truthful

with a pair of wonderful soft suede black shoes with buckles and a heel. It was astonishing how professional the manager of the shop was. The shoes fitted me perfectly; they were unbelievably comfortable and incredibly elegant. They weren't crystal but they were, still are, and will always be the best shoes I have ever had in my life. Don't even ask about the price, it was right off the scale.

Sandy approved the manager's choice of style and quality; he also liked the shoes and paid for them without batting an eyelid – don't forget that shoes represent a person better then a business card.

When I tried to repay him for the shoes, Sandy, as I'd expected, wouldn't hear of it. He said that considering he had invited me to the ball he was responsible for my image – full stop! I was, of course, to be frank, happy to receive such incredible shoes as a present. I myself would have never in my life bought myself such wildly extravagant footwear. It's good that men exist! It's good that Lords exist!

5. Lobster at the restaurant

And so, pleased, we set out to a restaurant for a snack. I'm drifting from the point a bit but this is also quite interesting. In the restaurant Sandy asked me "Have you ever eaten lobster?"

"Of course not" I replied. "I don't even know what they look like. I've only seen them mentioned in books describing French restaurant menus."

He then asked the waiter for two portions of lobster for

себя и для меня. Официант сказал, что сегодня в меню только салат с «lobster». Тогда, попыхивая сигарой и ни минуты не раздумывая, Сэнди сказал, что он закупает все салаты только для того, чтобы нам принесли две порции омаров в натуральном виде, целиком! Я думаю, что ему это стоило месячного дохода, но он любил пошутить. Вот они – лорды – непостижимые английские эксцентрики.

6. Бал

Итак, всё к балу было готово. В назначенный день я принарядилась и накинула меховое манто, хотя вечер был довольно тёплый; но, как я уже сказала, так полагалось – *дресс коуд*.

Сэнди заехал за мной на шикароной чёрной машине. Не забывайте, что такого рода события происходили со мной впервые в жизни: из доперестроечной России – на бал консервативной партии к Маргарет Тэтчер! Прыжок был вертикальный. И для храбрости и, с позволения Сэнди,

The Cities of London and Westminster
Conservative Association

The Two Cities Ball

on
Tuesday 13th November, 1990

The Savoy Hotel, Strand, London W. C. 2.
(Embankment Entrance)

Reception 7.30 p. m.   *Black Tie*
Dinner   8.15 p. m.   *Dancing 10 p. m. - 1.30 a. m.*

Please bring this ticket with you.

himself and me. The waiter said that they had only lobster salad on today's menu. Then, puffing on a cigar and without a minute's thought, Sandy said that he would buy all the portions of lobster salad if they would bring us instead two portions of lobster in its natural state – whole! I think this cost him a month's income but he loved a bit of fun. Oh these Lords – unpredictable English eccentrics!

6. The Ball

And so everything was ready for the ball. On the appointed day I got dressed and donned my fur mantle although the evening was relatively warm, but as mentioned, this was part of the 'dress code'.

Sandy came to pick me up in a luxurious black car. Don't forget that these kinds of events were happening to me for the first time in my life – from the time just before *perestroika* in Russia to a Conservative Party Ball with Margaret Thatcher! The jump was vertical. To relax I drank a glass of wine with

II.   ПРИКЛЮЧЕНИЯ РУССКОЙ В АНГЛИИ

я выпила бокал вина перед тем как ехать и понадеялась на могущественное русское «*авось*».[1]

Подкатили к отелю. Молодые красавцы в ливреях повели меня под «белые руки» к парадной лестнице. О, Боже мой! Я сразу вспомнила все сказки! Это было торжественно и красиво, и я *не чувствовала под собою ног*[2], наверное от страха.

Каждого гостя представляли и фотографировали; вот к этому я не была готова. Когда я услышала, что представляют меня, и увидела нацеленный на меня фотоаппарат, я в панике стала вырывать руки из рук швейцаров в белых перчатках, меня так бережно и красиво представляющих. Я не хотела появления в газетах. Мы жили так в Советском Союзе, чтобы *не высовываться*[3], и без нужды в прессе не появляться, *а то какбы чего не вышло*[4]. Мне абсолютно нечего было бояться, но эта зажатость, это «теоретическое» опасение существовало, по-видимому, на подсознательном уровне, и руки мои задёргались автоматически.

В следующее мгновение я осознала нелепость своего положения, но было уже поздно; к этому моменту «красивые мальчики» уже выпустили мои руки из своих. Я объяснила, что не хочу фотографироваться, и они сделалаи вид, что ничего особенного не произошло. «Ах, вот зря», – сожалела я потом. «Фотография получилась бы великолепная», – я видела фотографии других гостей – ну, просто, парадные портреты для будущих поколений семьи. Хорошо, что Санди не видел этой смешной сцены.

1 Авось – hoping for the best, no matter what…
2 не чувствовать под собой ног – your feet don't touch the ground
3 «не высовываться» – colloq., not to stick out
4 а то как бы чего не вышло – colloq., in case of trouble

Sandy's permission before we left and put my faith in the mighty Russian 'Hope for the best, no matter what!'.

We rolled up to the hotel. Young attractive porters in livery escorted me on their arms to the main staircase. Oh my god! I suddenly remembered all the fairy tales! It was majestic and beautiful, and I couldn't feel the ground beneath my feet, probably from fright.

Every guest was introduced and photographed, and I wasn't prepared for this. When I heard them introducing me and saw cameras aimed in my direction, I started in panic withdrawing my arms from the porters' gentle white gloves beautifully presenting me. I didn't want any appearance in the press. We lived like this in the Soviet Union lest one stuck out by needlessly appearing in the newspapers, in case of any trouble. I had nothing whatever to worry about but the trapped tense feeling existed, it seemed, at a subconscious level and my hands started to pull away automatically.

In an instant I recognized the absurdity of my situation but it was already too late, the 'beautiful boys' had already let go of my arms from theirs. I explained that I didn't want to be photographed and they acted as though nothing much had happened. 'It's a shame,' I thought later. 'The photograph would have turned out fantastically'. I had seen photographs of the other guests, just elegant portraits for future generations of their family to admire. It's just as well that Sandy didn't see this funny scene.

II.   ПРИКЛЮЧЕНИЯ РУССКОЙ В АНГЛИИ

На каждого гостя давалось определённое время, чтобы вступить и пройти по парадной лестнице в то время как тебя представляли и фотографировали. Сэнди был следующим, но я уже не видела его величественного шествия (он всегда двигался величественно), так как меня опять пригласили руки в белых перчатках в зал, где гостей по одному представляли премьер-министру Маргарет Тэтчер и её мужу Денис Тэтчер.

Я не помню точно о чём меня спросили, и что я ответила, я была слишком возбуждена. Помню только, что я сравнила себя с «Золушкой» на балу, на что Денис улыбнулся и пожелал мне встретить принца. Да, и я встретила, встретила... Спасибо за пожелание, Денис.

В то время как гостей представляли, мы пили шампанское и общались. Потом нас всех пригласили к столам. У каждого было своё именное место. За каждым столом сидело десять человек, и я заметила, что женщин было намного меньше – две или три за столом. Всё-таки, очевидно, это была какая-то сугубо политическая или экономическая причина для бала, в которых мы разбираемся гораздо хуже мужчин, (за исключением Маргарет Тэтчер, конечно), и мы – женщины – неподходящая среда для обсуждения этих проблем.

За нашим столом, кроме меня, были ещё две величавые и на вид неприступные итальянки. Они были картинно красивы и производили впечатление изваяний – я бы не рискнула с ними заговорить. Я почувствовала себя хрупкой, но в то же время живой и настоящей.

Кто-то произнёс речь, и хотя зал был огромный, слышно было отлично, но я не могла сосредоточиться. Для

Each guest was given a specific time to enter and process up the main staircase, just after you were introduced and photographed. Sandy was next but I didn't see his grand entrance (he always moved grandiosely) as again I was beckoned by the white gloves and led into the hall where the guests, one by one, were being introduced to the Prime Minister Margaret Thatcher and her husband Denis Thatcher.

I don't remember exactly what I was asked or what I answered, I was too flustered. I remember only that I compared myself to Cinderella at the Ball, to which Denis smiled and said he hoped I'd meet a prince at this Ball. Yes, and I did meet one... Thanks for the sentiment, Denis.

While the guests were introduced we drank champagne and socialized and then we were bidden to the tables. Everybody had their own named place. There were ten people at each table and I noticed that there were a lot fewer women, two or three to a table. Nevertheless there was obviously some kind of special political or economic reason for a ball in which we came out a lot worse than the men (with the exception of Margaret Thatcher, of course) and we – the women – were not suitable for discussing these problems.

At our table, besides me, there were another two grand and seemingly unapproachable Italian ladies. They were the picture of beauty and gave the impression of sculptures – I wouldn't have risked talking to them. I felt myself to be delicate but at the same time alive and genuine.

Somebody gave a speech, and although the hall was enormous the acoustics were excellent, but I couldn't

меня было слишком много отвлекающих впечатлений, и, поэтому я не понимала, по какому случаю возникал смех время от времени. Речь не была длинной и утомительной, и скоро нас пригласили начать трапезу. Никакого меню и выбора не было; блюда отличались изысканностью, но у всех было одно и то же. Я даже пошутила: «Вы знаете, это как в советской столовой – выбора нет!» Все засмеялись. Шутка моя понравилась. Вообще, я обнаружила позднее общаясь с англичанами, что им нравятся мои шутки, другими словами, они оценили русский юмор.

Нас пригласили, я думаю, чтобы украсить общество политиков и бизнесменов, и я была довольно-таки болтливым украшением. Со всех сторон мне задавали множество вопросов, и я просто не могла их игнорировать. (Опять у меня возникло ощущение «редкого зверя» в зоопарке.) Бал продолжался всю ночь, и я перетанцевала со всеми министрами, которые были на балу, а, кроме того, получила три приглашения продолжить знакомство и посетить загородные поместья.

О, – это была восхитительная, незабываемая, особенная ночь!

После «сражения на продовольственном фронте» в России, окунуться в это волшебство и почувствовать, что ты вызываешь интерес не только как личность, но также как и женщина – было сильнейшим ощущением неожиданного счастья и головокружительной весёлости.

Испытывая все эти столь необыкновенные для русской женщины «зашкальные» чувства, я совершенно забыла о Сэнди. Только он не танцевал со мной; я не знаю – почему? Может быть, оттого, что он не хотел суетиться и спешить ко мне? У меня не было даже ни минуты поговорить с ним. Как только начинался

concentrate. There were too many distractions and that's why I didn't understand why every now and then the hall rippled with laughter. The speech wasn't long and boring, and soon we were invited to start the meal. There was no menu or choice, the food was absolutely amazing but everybody had the same thing. I even joked: "You know, this is just like a Soviet canteen; there's no choice!" Everybody laughed – my joke went down well. In general, I discovered later in talking with the English, they enjoyed my jokes or at any rate they appreciated Russian humour.

We were invited, I think, to decorate the society of politicians and business people and I was a fairly talkative decoration. I was asked quite a lot of questions from every direction and I simply couldn't ignore them. (Again I had the feeling of being a rare animal in a zoo.) The ball lasted all night and I danced with every minister there and also received three invitations to continue socializing and visit out of town establishments.

Oh, it was an utterly entrancing, unforgettable, special night!

After the 'battles on the food front' in Russia, dipping into this magic and feeling that you were the height of interest, not only as a person but also as a woman, was the strongest sensation of unexpected happiness and dizzy pleasure.

Experiencing all these 'mind-blowing' feelings, so over-whelming for a Russian woman, I completely forgot about Sandy. It was only he that didn't dance with me – I don't know why. Maybe because he didn't want to fuss and rush over to me? I didn't have even a minute to talk to him. As soon as a new dance started, someone would immediately

новый танец, немедленно кто-нибудь приглашал меня, и я танцевала без передышки буквально все подряд танцы. Как я выдержала всю ночь? Не знаю. Наверное, благодаря чрезвычайно мягким итальянским туфлям и адреналину. Бал мне, безусловно, понравился – сказка была реальностью!

Однако, я убежала с бала под утро в «карете» с художником, который сидел за нашим столом. Но не убежала, конечно, а приняла его приглашение отвезти меня домой. Я приняла его с радостью, потому что понятия не имела, как я буду добираться домой. Однако, это была моя большая ошибка! Но откуда мне было знать, что по английскому этикету, с кем я приехала на бал, с тем же человеком я должна была и уехать. Я этого не знала, на балах никогда не бывала. Конечно, с моей стороны было беспросветной глупостью предположить, что Сэнди оставит меня на произвол судьбы и не отвезёт меня домой! Непростительно, ей Богу! Итак, я уехала с Мартином; он проводил меня до самой двери, и мы тепло распрощались, договорившись созвониться и вскоре встретиться.

Сэнди был недоволен, но он мне этого никак не выказал ни на завтрашний день, ни через несколько дней. Узнала я обо всём, об этом – английском этикете, много позже, через несколько месяцев, когда я снова увидела Сэнди.

7. Английский Лорд

Тем временем наши отношения были непринуждённо-наиприятнейшие. Сэнди проявлял, я бы сказала, серьёзные знаки внимания, но я чувствовала себя ничем ему не обязанной (я ведь была из Советского Союза, где независимость женщины была в большом почёте).

invite me and I danced non-stop literally every dance. How did I last the whole night? I don't know. Probably thanks to the extremely soft Italian shoes and the adrenalin. Needless to say, I enjoyed the ball; the fairy tale was real!

However, I ran away from the ball towards morning in my 'carriage' with an artist who had been sitting at our table. Well, not 'ran away' of course, but I accepted his invitation to take me home. I accepted gladly because I had no idea of how I was going to get home. However, this was my biggest mistake! But how was I to know that under English etiquette you should leave a ball with whomever you arrived with. I didn't know this, I'd never been to a ball. Of course for my part it was brainless to assume that Sandy would leave me in the lurch and not take me home! Oh my God, unforgivable! And so I left with Martin: he walked me right to my door and we warmly parted, promised to keep in touch and meet up soon.

Sandy was not pleased but he didn't tell me, not the next day, nor after a few days. I found out about all this English etiquette a lot later, after a few months when I next saw him.

7. The English Lord

Meanwhile our relations were pleasantly amicable. Sandy developed, I would say, the serious signs of attention but I felt myself in no way obliged to him – indeed I was from the Soviet Union where independence of women was a

II.   ПРИКЛЮЧЕНИЯ РУССКОЙ В АНГЛИИ

Его ухаживания не могли меня заставить его полюбить. Да, мне было с ним очень интересно; он был похож на капиталиста на наших советских пропагандистских плакатах: большой, представительный, с вечной сигарой во рту и с басом Ф.Шаляпина. Он был «фигура» – что называется, но он не вскружил мне голову. Может потому, что я привыкла к воспалённому блеску глаз и истощённой комплекции моего богемного окружения? А Сэнди был восхитительный, я бы сказала, монументальный, чрезвычайно ухоженный,– словом, слишком иностранный, «*не мои сани*[1]», как говорится.

В ресторане или в кафе – где бы мы ни появлялись, нас всегда обслуживали самым превосходным образом. Сэнди обычно немного говорил и шутил с официантом; у него не было никакой снисходительности, в нём не чувствовалось никакого патронства. Одним словом, он был «душка». Было интересно и поучительно наблюдать этого аристократа в обыденной жизни. Обычно, он себе не готовил и не ел дома, а всегда в каком-нибудь ресторанчике или кафе в своём излюбленном «Кенсингтоне» (это центральный район Лондона).

Сэнди был для меня живым персонажем из английской литературы. Его ненавязчивые ухаживания тоже были для меня как-будто частью какого-то романа. Он часто присылал мне цветы – самые роскошные. Каждое утро без исключения я получала от него необыкновенную открытку с одной, двумя милыми фразами и прозрачным подтекстом – это всё дарило мне улыбку и заряжало отличным настроением на целый день.

Это мастерство техники ухаживания или проявление чувства – не знаю, так и не разобралась, но в любом случае это было восхитительно, чудесно, и это придало моему

1 не мои сани – expr., not my scene, not my social circle

great honour. His courting couldn't force me to fall in love
with him. Oh yes, I was very interested in him – he was
like the capitalist on our Soviet propaganda posters: large,
representative, with perpetual cigar in mouth and the voice
of F Chaliapin[1]. He was an impressive figure – one could
say – but he didn't make my head spin. Perhaps I was used
to the feverish glint of the eyes and emaciated complexion
of my Bohemian milieu? Sandy was tremendous, dare I
say magnificent, extremely well groomed – in a word, too
foreign for me, 'not my type' as they say.

In a restaurant or café, wherever we appeared, they always
served us in a most solicitous manner. Sandy usually talked
and joked a little with the waiter; there was no hint of
condescension and nobody felt patronized. In a word, he
was a dear. It was interesting and instructive to observe this
aristocrat in ordinary life. Usually Sandy didn't cook or eat
at home but always in some small restaurant or cafe in his
favourite Kensington – a central area of London.

For me, Sandy was a living character from English
literature. His unobtrusive wooing was also for me as though
a part of some novel: he frequently sent me flowers – the
most extravagant – and each morning without exception
I received from him an unusual postcard with one or two
affectionate phrases and transparent subtext. This all made
me smile and set up a terrific mood for the whole day.

Whether this was skill in courting technique or the
manifestation of feelings, I couldn't make out but in any
event it was charming and wonderful and this filled my whole

1   A famous bass singer

пребыванию в Лондоне ощущение продолжительного праздника. Ах, и почему это так важно для женщины быть признанной, любимой, желанной? Сказывается ли подсознательное ощущение слабого пола, древнее желание найти защиту и защитника или это игра воображения?

Часто по вечерам, мы ужинали вместе в рестране и болтали обо всём на свете – он был ужасный любитель поговорить. В конце вечера, он вызывал такси, оплачивал мой проезд вперёд, давая таксисту чуть ли не вдвое больше, чем было нужно, и мы расставались до следующей, незапланированной встречи.

Вот так ненавязчиво, но безумно приятно и элегантно, Сэнди ухаживал за мной, не давая мне почувствовать никакого давления или обязательств. Я думаю, что этому искусству – владения взаимоотношениями трудно научиться до такой степени, это дожно быть в крови. Может быть, это чисто английское мастерство или искусство, потому что у них существуют аристократы, тогда как у нас эта верхушка общества исчезла? Вопрос для социологов.

Надо сказать, что Сэнди меня избаловал и тем самым испортил, так что все более поздние знакомства я невольно сравнивала с его неподражаемой роскошной элегантностью. Никто не выдерживал сравнения – ну, конечно, не аристократы – чего же ожидать?! Результат? – До сих пор одна, со своими претензиями и перебираниями. Спасибо, Сэнди; я за твоей элегантностью, как за крепостной стеной – никто не может прорваться, а прошло уже 18 лет!

stay in London with the sensation of a long holiday. Ah, and why is it so important for a woman to be acknowledged, loved, desired? Is it the subconscious sensation of the weak sex, the primitive desire to find protection and a defender, or a trick of the imagination?

Often in the evenings, we dined together at a restaurant and chatted away about everything under the sun – he just loved to talk. At the end of the evening, he'd call a taxi, pay my fare in advance giving the taxi driver almost double what was necessary, and we parted until the next, unplanned encounter.

Thus unobtrusively but madly, pleasantly and elegantly, Sandy courted me without my feeling any sort of pressure or obligation. I think that this skill – managing of relationships – is difficult to learn to such an extent; this must be in the blood. Perhaps it's a purely English craftsmanship or skill because they still have aristocrats, whereas for us this top layer of society disappeared? A question for the sociologists.

I have to say that Sandy spoiled me and thus corrupted me so that for ever after I involuntarily compared later acquaintances with his inimitable luxurious elegance. No one lived up to the comparison – well, of course, they weren't aristocrats, what do you expect?! The result? Until now just one, with this fastidiousness. Thanks, Sandy; after your elegance I'm as though behind the wall of a fortress – no-one can burst it open still after 18 years!

8. Возвращение на родину

Скоро мне уже нужно было возвращаться в Москву, на мою голодную родину. Я всегда об этом помнила, экономила свою стипендию, покупала только зелёный горошек и морковку, когда я ужинала дома, но это было очень редко, так что за исключением дорожных расходов и оплачивания жилья, у меня ещё оставались деньги на продукты для России.

И я накупила их столько, что нам с дочерью хватило больше чем на полгода, как раз до следующей поездки в Англию. Так что, эта поездка не только спасла

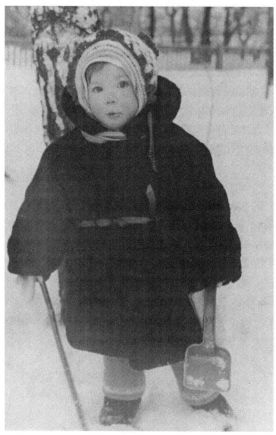

Ducy in Russia

8. Return to the homeland

Soon it was already necessary for me to return to Moscow, to my famine-stricken native land. I had always kept this in mind and been economical with my grant; bought only green peas and carrots when I ate at home but this was very seldom, so that with the exception of travel expenses and accommodation bills, I still had money to buy food for Russia.

And I bought so much that it was enough for me and my daughter for more than six months, exactly up to the next trip to England. Thus this trip not only saved our situation

Ducy in Russia

наше положение и помогла нам избежать голодных мучительных дней, но также она была поворотным этапом в моей жизни – многое, очень многое изменилось в моей жизни после этого визита.

ВОПРОСЫ

1. С чего началась поездка? Что произошло в Лондоне?
2. Что вы думаете о людях, распространяющих наркотики среди молодежи? Какой мере наказания вы бы их подвергли?
3. Что автор думает об английских реставраторах?
4. Как нужно было бы выглядеть на балу, чтобы подчеркнуть свой социальный статус?

III. «ТУМАННЫЙ   АЛЬБИОН[1]»

> Я знала, **что** оставляю позади,
> но я не знала ради чего я **это** оставляю...

1. Новые друзья

Немногим более, чем через пол-года я снова получила приглашение приехать в Великобританию, но на этот раз я решила ехать с дочкой – ей было три года.

Как раз на всё это время нам хватило аглийских продуктов и английской одежды для дочки, которой нас в изобилии снабдили мои новые друзья христиане – Сэнсия и Мэри; эти две замечательные женщины стали моими близкими друзьями.

У каждой из них была большая семья, много детей, забот и обязанностей, но это не помешало им принять нас с большим гостеприимством и теплотой и вовлечь

---

1 туманный альбион – Англия

III.   FOGGY ENGLAND

and helped us to avoid famished agonizing days but it was
also a turning point for me – much, very much changed in
my life after this visit.

QUESTIONS

1. Who did the author meet at the bank and what
    happened?
2. What social occasion was she invited to and by
    whom?
3. What English characteristics did Sandy
    demonstrate to the author?
4. What was her reaction to the English class system?

III. FOGGY ENGLAND

I knew **what** I was leaving from,
but not **what** I was leaving for...

1. New friends

A little more than six months later I again got an invitation
to come to Great Britain, but this time I decided to go with
Ducy. She was three years old.

In all this time we had just enough English provisions and
English clothing for Ducy which were supplied in abundance
by my new Christian friends Cynthia and Mary; these two
remarkable women became my close friends.

Each of them had a large family with many children,
cares and responsibilities, but this didn't prevent them
from accepting us with great hospitality and warmth, and

нас в ритм их семейной жизни. Таким образом, я познакомилась с жизнью другой классовой прослойки – жизнью фермеров.

Надо сказать, что, живя в больших домах и обладая несколькими акрами земли совсем не означало, что у них была лёгкая жизнь. Напротив – нагрузка была, я бы сказала, предельная: подъём в четыре часа утра, и целый день заполнен как у мужчин, так и у женщин работой до шести часов вечера. После ужина, от восьми и до десяти часов вся семья обычно собиралась у камина за разговорами, и расслабить натруженное за день тело. Спать ложились никак не позже десяти.

Итак, в этот приезд мы остановились с дочкой сначала у Мэри, а потом у Сэнсии. В этот же раз я увиделась опять с Сэнди.

2. Болезнь Сэнди

«...где скорбь всегда молчалива,
где горе весело и отчаяние благородно».
Оноре де Бальзак

Мэри сообщила мне, что Сэнди нездоров, и сказала, что он просил меня позвонить, как только мы приедем.

Сэнди уехал из Лондона и жил в своём родовом имении в Шотландии. Я позвонила Сэнди, и он пригласил нас провести время – месяц или два или сколько мы захотим в его доме. Я очень удивилась, это было полной неожиданностью. Он сказал, что заедет за нами; также сказал, что он болен. Однако, я никак не могла добиться от него, что с ним? Наконец, Мэри сказала мне, что у него рак, и жить ему осталось не больше полгода.

involving us in the rhythm of their family life. In this way I was introduced to the life of another class layer – the life of farmers.

It must be said that living in large houses and owning several acres of land in no way meant they had an easy life. On the contrary their burden would be, I'd say, the maximum: getting up at four in the morning and the whole day occupied with work for both men and women until six o'clock. After supper from eight till ten in the evening the entire family usually gathered in front of the fire for conversation and relaxation after the tiring day. They went to bed no later than ten.

Thus on this trip Ducy and I stayed, first with Mary then with Cynthia. At the same time I saw Sandy again.

2. Sandy's illness

"… where sorrow is always silent,
where grief is merry and despair noble."
                                    Honore de Balzac

Mary reported to me that Sandy was not well and said that he had asked me to ring as soon as we arrived.

Sandy had left London and lived on his ancestral estate in Scotland. I rang Sandy and he invited Ducy and me to spend some time – a month or two or as long as we wanted – at his house. I was astonished, this was completely unexpected. He said that he would pick us up; he also said that he was ill. However, I couldn't get out of him what was the matter. At last Mary told me that he had cancer and no more than six months to live.

III. «ТУМАННЫЙ АЛЬБИОН»

Это был «*гром средь ясного неба*»[1], я отказывалась верить, так как буквально полгода назад он выглядел отлично. Оказывается он был уже болен, но сам об этом не знал. Когда же он обратился к врачам, то у него уже была запущенная стадия рака лёгких – он много курил. Да, – это было печальнейшее известие.

Я подумала, подумала и решила не ехать – я, честно говоря, боялась быть сиделкой при раковом больном. Я совершенно не знала как себя вести с обречённым человеком. Мне представлялось это психологически совсем нелёгкой задачей, да ещё я была с маленьким ребёнком. «Нет, это будет выше моих сил», – думала я.

Позвонила Сэнди и сказала, что очень сожалею, но не смогу приехать, так как я здесь с маленькой дочкой. И вдруг Сэнди приехал сам на машине к Мэри (а это десять часов из Шотландии) и предложил отвезти нас в своё поместье. Сэнди выглядел абсолютно нормально – никаких следов болезни.

Мне трудно было найти причину для отказа – не могла же я ему сказать, что испугалась, растерялась, не знаю, как утешать его и т.д., но я просто сказала, по-детски упрямо, что не поеду. Мне было стыдно и неловко. Мэри тоже упрашивала меня поехать хоть ненадолго. Но всё-таки, я отказалась, правда сказала, что я должна подумать. Да я и в самом деле должна была подумать, так как в России существовало мнение, что какие-то формы рака имеют не только наследственную, но также и вирусную основу, и, будучи с ребёнком, я опасалась поступить неосторожно. Через неделю Сэнди приехал опять в надежде, что я подумала и изменила своё решение. Я снова беспочвенно (с его точки зрения) отказалась. Очень грустный Сэнди уехал.

---

1 гром средь ясного неба – expression, a bolt from the blue

This was a bolt from the blue; I refused to believe it since literally six months earlier he'd seemed in excellent health. It turned out he was already ill but didn't know it. When he went to the doctor he already had the neglected stage of lung cancer – he smoked too much. Yes, it was grievous news.

I thought and thought and decided not to go – to be honest, I was afraid to be carer to a cancer patient. I had no idea how to behave with a terminally ill person. This seemed to me psychologically no light task and on top of that I had a small child. "No, this will be more than I can cope with", I thought.

I rang Sandy and said that with great regret, I couldn't come since I'm here with Ducy. Suddenly Sandy arrived himself by car at Mary's (this was ten hours from Scotland) and proposed to take us back to his estate. He appeared absolutely normal – not a trace of illness.

It was hard for me to find a reason for this refusal – I just couldn't tell him I felt frightened, confused, didn't know how to console him, and so forth, but I simply said, childlishly obstinate, that I wouldn't go. I felt ashamed and awkward. Mary too implored me to go even for a short time. Nevertheless I refused, saying I had to think about it. Yes indeed I had to think because there was some opinion in Russia that certain forms of cancer had not only genetic but also viral origin and because I had a child with me I felt I had to be cautious. A week later, Sandy arrived again in the hope that I had thought it over and changed my mind. I again groundlessly (from his point of view) refused. Very sad, Sandy left.

III. «ТУМАННЫЙ АЛЬБИОН»

Я чувствовала себя виноватой, что не могу оказать эту услугу покидающему жизнь человеку. Но в России у меня никогда не было опыта общения с умирающими людьми; я чувствовала себя в каком-то столбняке. В тот же вечер мне позвонила его сестра Сэра, она жила недалеко от Мэри, и пригласила нас на семейный ужин с ночёвкой.

Я познакомилась с Сэрой ещё в первый свой приезд, и она произвела на меня большое впечатление. Она мне очень нравилась: лёгкая, с тонким чувством юмора, гостеприимная и, главное, она, как и Сэнди, никогда не давала тебе почувствовать, что ты человек, не принадлежащий ни к какому сословию, (разве что к одному, к советскому). Я заметила, что такое обращение с людьми присуще английским аристократам; они себя ведут с тобой как с равным, и это ободряющее и восхитительное чувство.

Итак, я приняла приглашение с огромной радостью, и она за нами заехала. Сэнди был там тоже – это было для меня сюрпризом. В этот вечер каждый из них под тем или иным предлогом слегка касался нашего возможного визита к Сэнди.

Я не понимала их настойчивости, и до сих пор не могу объяснить почему Сэнди так хотел, чтобы мы приехали? Возможно это был его последний каприз, его последнее желание, и он был влюблён в меня? Мы проговорили почти всю ночь. Он обещал мне всё, что я ни пожелаю; он предложил мне руку и сердце. Но сами понимаете – зачем же я буду выходить замуж за человека, которому оставалось жить так мало?!

Я ему так прямо об этом и сказала и добавила что я к нему хорошо отношусь, но я его не люблю. Это было,

I felt guilty that I could not grant this favour to a dying person. But in Russia I'd never had the experience of contact with the dying; I felt I was paralysed by indecision. The same evening his sister Sarah rang me, she lived not far from Mary and invited us with Ducy to have supper and stay overnight.

I was introduced to Sarah when I first arrived and she made a great impression on me. I really liked her: easy, with a gentle sense of humour, hospitable and, most importantly, like Sandy, never gave you to feel that you belonged to any particular class (or perhaps only to a single class, the Soviet). This, I noted, is inherent in English aristocrats; they treat you as an equal and this gives a reassuring and delightful feeling.

Thus, I accepted her invitation with enormous happiness, and she came for us. Sandy was there too – a surprise for me. That evening each of them under one pretext or another was urging our possible visit to Sandy.

I didn't understand their persistence and ever since I cannot explain why Sandy wanted us to come. Possibly this would have been his last whim, his last desire and he was in love with me. We talked almost the entire night. He promised everything I could wish for; he offered his hand and heart. But you will understand – how on earth could I marry a man with so little time left to live?!

I told him straight about this and added that I got on well with him but I didn't love him. This was of course cruel but

конечно же, жестоко, но при данных обстоятельствах я вынуждена была сказать правду. Сэнди ответил мне на это, что я унаследую его фамилию, что очень даже важно для положения в английском обществе, и всё чем он владеет.

Для меня это было похоже на сделку, и продавать себя я не собиралась несмотря ни на какое положение в обществе и его *состояние.*[1] Как бы я потом жила с этой мыслью всю оставшуюся жизнь, чувствуя себя продажным товаром?! Нет, и нет! Воспитание в советской школе и в советском обществе в то время обеспечивало багажом моральных ценностей, и я просто не могла через это перешагнуть.

Единственно, на что я согласилась под утро под напором сестры и брата – это поехать в его поместье на месяц, при условии, что мы будем жить на разных половинах в доме Сэнди. Будем встречаться за едой, ходить в гости и путешествовать вместе по Шотландии. Сэнди согласился. Выяснилось, что ухаживать за ним мне не надо будет, у него всё это было уже организовано.

3. Великолепный месяц в Шотландии

Итак, мы отправились в Шотландию – 10 часов на машине. По дороге Сэнди несколько раз засыпал, так что мы были *на волосок от*[2] аварий!

Место, где располагался дом Сэнди, было невероятно красивым: взгляд привлекали спокойные очертания холмов, расцвеченные ярким вереском. Сам дом был строгих пропорций, окружённый роскошным садом со множеством цветов и плодовых кустов, и деревьев. Чрезвычайно свежий и благоуханный воздух завершал

1 состояние – here, fortune
2 на волосок от – expr., within a hair's breadth of…

in the circumstances I was forced to tell the truth. Sandy replied that I would inherit his family name, which is very important for one's position in English society, and all he owned.

For me this was like a deal and I was not going to sell myself, regardless of position in society and estate. How would I live with this thought the rest of my life, feeling myself to be marketable goods?! No, and no! An upbringing in Soviet school and society at that time guaranteed a baggage of moral values and I simply could not overstep this.

Only towards morning under pressure from sister and brother did I agree to go to his estate with Ducy for a month on condition that we would stay in different halves of Sandy's house. We would meet at meal times, visit friends and travel together in Scotland. Sandy agreed to this. It was explained that I would not need to look after him, all this was already organized for him.

3. A wonderful month in Scotland

And so we set off for Scotland – 10 hours in the car. On the way, Sandy dozed off several times so that we were within a hair's breadth of an accident!

The place where Sandy's house stood was unbelievably beautiful: the calm outlines of hills coloured by bright heather filled the view. The house itself was of strict proportions, surrounded by a lush garden with many flowers and fruit trees and bushes. Extremely fresh and fragrant air completed

ощущение земного рая. Какая-то сладостная тишина окутывала, обволакивала тебя, не хотелось произносить никаких звуков; человеческий голос казался чужеродным в этом «Эдеме».

Нас встретили двое – управительница дома и собака «Бенсон» с томным взглядом. Оба, казалось, были очень рады нашему приезду. Нам показали наши комнаты, и мы начали наш необыкновенный месяц в Шотландии в графстве «Дамфризшир».

Месяц этой жизни был и в самом деле необыкновенный во всех отношениях. Начну описание с завтрака. Я сказала Сэнди, что буду готовить сама завтраки и ужины, если только мы не выезжали к кому-нибудь в гости, и Сэнди повелел управительнице дома не приходить, пока мы оставались у него в гостях.

Итак, на завтрак я всегда готовила овсянку с бананами и со сливками. Здесь нужно упомянуть курьёзное поведение Бенсона – так звали собаку Сэнди. Бенсон всегда принимал активное участие в завтраке. Он, как истинная лордовская собака, тоже любил овсянку на завтрак, о чём Сэнди не предупредил меня, а может, он и сам не догадывался.

Я приносила из кухни в столовую две тарелки с кашей – больше я принести не могла, а когда я уходила на кухню, чтобы принести всё остальное, то при возвращении обнаруживала, что эти две тарелки выглядели абсолютно чистыми. Бенсон при этом выходил из столовой с виноватыми глазами. Это было как у Ильфа и Петрова в «Двенадцати стульях» – «*крал и стеснялся*».

Никогда мне не удавалось застать его на месте «преступления». Он достиг совершенства – благородных

the sensation of an earthly paradise. A sort of sweet silence shrouded and enveloped you, one didn't want to make a sound; the human voice seemed alien in this Eden.

We were met by the housekeeper and a dog with a weary look. Both were, it seemed, very glad at our arrival. We were shown to our rooms and began our exceptional month in Scotland in the county of Dumfries-shire.

This month of my life was indeed unusual in every aspect. I'll begin describing from breakfast. I told Sandy that I would make breakfast and dinner myself unless we were going to visit someone, and Sandy told the housekeeper not to come while we were his guests.

Thus, for breakfast I always prepared oatmeal with bananas and cream. Here I must recall the curious behaviour of Benson, as Sandy's dog was called. Benson always took an active part in breakfast. He, as a true aristocratic dog, also loved oatmeal for breakfast, which Sandy didn't warn me about but perhaps never suspected.

I brought from the kitchen into the dining room two plates of porridge – I couldn't bring more – but when I went out to the kitchen to bring everything else it was revealed on my return that these two plates appeared absolutely clean and Benson was just leaving the dining room with guilty eyes. It was as in Ilf and Petrov's "Twelve Chairs" – he "kept stealing and being ashamed of himself".

I never succeeded in catching him red-handed[1]. He reached perfection, a blue-blooded[2] thief; but it was quite impossible

1   In the act
2   Noble-blooded

III. «ТУМАННЫЙ АЛЬБИОН»

With Sarah, Sandy, Ducy and Benson on a picnic in Scotland

кровей воришка, но сердиться на него было совершенно невозможно – надо было видеть его глаза – томные и печальные, и дружелюбные. При всём, притом он был необыкновенно тощий, словом, очень забавная была собака.

После завтрака мы отправлялись в магазин, и Сэнди просил меня покупать всё, что Дуся и я хотели, начиная от продуктов и деликатесов и кончая одеждой. Я считала, что это сумасшествие, что, может быть, он *не в себе,*[1] и я покупала только то, что нам было необходимо. Иногда что-нибудь немного полакомиться, но – никогда ничего лишнего. Только позже я поняла – «дубовая моя голова», что он, видимо, хотел просто тратить деньги, причиняя нам радость – ведь скоро они ему были не нужны. У него не было ни жены, ни детей.

Часто на обед или на ужин нас приглашали его многочисленные друзья. Ох, как много у него было друзей, и жили они в огромных родовых особняках. Мы увидели

[1] не в себе – colloq., not oneself

270

III.   FOGGY ENGLAND

A Scottish castle

to be angry with him – you had to see his eyes, languid and sad, and friendly. Moreover he was unusually thin, in a word a most amusing dog.

After breakfast we left for the store and Sandy asked me to buy everything that Ducy and I wanted, starting with goods and delicacies and ending with clothing. I considered this to be madness, that perhaps he's not all there and bought only necessities or sometimes something to enjoy just a little – never anything in excess. Only later did I understand, in my thick head[1], that he obviously wanted simply to spend money, giving us happiness – indeed soon he wouldn't need it. He had neither wife nor children.

Often his numerous friends invited us to lunch or dinner. Oh, how many friends he had, and they lived on enormous ancestral estates. We saw many grandiose houses and saw

1   Russian says 'oak head'

очень много роскошных поместий и насмотрелись на жизнь английских аристократов. Их дома напоминали мне музеи, где было собрано множество произведений искусства и антиквариата со всего мира за столетия, проживавших в них поколений.

Перед поездкой к Сэнди я думала, что от меня ожидается роль сиделки или *медсестры*[1], или что-то в этом роде, но ничего подобного не произошло. Я ни разу не заметила, чтобы Сэнди печалился или унывал. Всегда он был весел, приветлив, разговочив – даже слишком. Когда мы оставались дома, то проводили три, а то и пять часов за разговорами, пока я окончательно не валилась со стула от неистребимого желания спать. Надо признаться, что я даже часто забывала, что уготовила ему судьба – так он был не похож на больного! Самообладание или таблетки? Но таблетки не могли изменить его ситуацию, значит – нечеловеческое самообладание! Для меня это был пример невероятной стойкости духа, какого-то особенного (на уровне, которого я ещё не познала) отношения к жизни и смерти. Я думала, размышляла, постигала эту силу; я поражалась, я училась.

4. С риском для жизни

«Сначала надо ввязаться в серьёзный
бой, а там уж видно будет».

Наполеон Бонапарт

Однажды Сэнди пришло в голову, что я должна научиться водить машину. Он отвёз меня в город, где я взяла один урок – *ровным счётом ничего*[2] не поняла,

1   медсестра – медицинская сестра – nurse
2   ровным счётом ничего – expr., precisely nothing

quite enough of the life of English aristocrats. Their houses reminded me of museums, where many works of art and antiquity from the entire world were assembled over the centuries by the generations living in them.

I had thought before the trip that the role expected of me was carer or nurse or something of the kind but nothing like that occurred. I never once noticed Sandy sad or depressed. He was always cheerful, affable, chatty – even too much so. When we stayed at home we chatted for three to five hours till I finally dropped off the chair from the irresistible desire to sleep. I have to acknowledge that often I even forgot what fate had in store for him, so unlike was he to a sick person! Was this self-control or pills? But pills could not change his situation, which means superhuman composure! To me this was an example of unbelievable strength of spirit, some special (at what level I still didn't get to know) relationship to life and death. I thought, contemplated, mastered this force; I marvelled, I learned.

4. Risking lives

"First you need to engage in serious battle,
and then what will be will be."
                                    Napoleon Bonaparte

Once Sandy got it into his head that I must learn to drive the car. He took me into the town where I had one lesson. I understood precisely nothing, there was far too

III.   «ТУМАННЫЙ   АЛЬБИОН»

уж слишком много было информации и упражнений на координацию движений и совершенно незнакомых знаков дорожного движения.

И вот однажды, когда мы ехали из гостей Сэнди вдруг сказал, что он хочет, чтобы я повела машину, потому что он очень устал. Я не знала – шутит он или на самом деле плохо себя чувствует. Однако, всем своим видом он дал мне понять, что любые отговорки или возражения будут лишь потерей времени. Он поставил машину на обочину и выключил мотор, чтобы дать мне перевести дух и проинструктировать меня. Он наивно думая, что его инструкция могла мне хоть как-нибудь помочь.

На мои возражения, что я не знаю даже правил дорожного движения, кроме знака «стоп», он сказал: «Не волнуйся, встречные машины будут *шарахаться¹* от нас, и этого одного знака тебе будет достаточно для вождения в этой местности». Ну, хорошо, я села за руль. В машине ещё находились моя дочь и Бенсон на заднем сиденье.

Сэнди завёл мотор, и первое что с нами случилось – это машина начала прыгать, как необъезженная лошадь. Я выключила мотор. Сэнди объяснил мне мою ошибку, и я попробовала снова, но нормально двигаться мы начали только после четвёртой попытки.

Бенсон тем временем завыл и начал пускать обильные слюни прямо на Дусю; из него текло как из водопровода, но я не могла ему ничего сказать – он был прав, чувствуя всей своей собачьей душой реально грозившую нам опасность. Дуська тоже притихла, несмотря на живость своего характера, возможно, она прислушивалась к необычному собачьему пению, которое она никогда раньше не слышала. Только Сэнди был невозмутим, и это помогло мне не потерять сознание, когда я задавила мою

1 шарахаться – colloq., to rush

much information, and exercises in motor coordination and completely unfamiliar road signs.

Once, when we were returning from a visit Sandy suddenly said he wanted me to drive because he was very tired. I didn't know if he was joking or if he really felt bad. However, from his looks he gave me to understand that any excuses or objections would only be time lost. He parked the car at the kerb and turned off the engine so as to give me time to take a breath and to instruct me, naively thinking his instructions could somehow help me.

To my objections that I didn't even know the rules of the road except for the Stop sign, he said: "Don't worry, any cars coming the other way will shy away from us, and this one sign will be sufficient for driving around here." Well, I sat down behind the wheel. My daughter and Benson were still in the car, on the back seat.

Sandy started the engine and the first thing that happened to us was the car began to jump like an unbroken horse. I turned off the engine. Sandy explained to me my error and I tried again but we only started to move normally after the fourth attempt.

Benson meanwhile howled and began to slobber all over Ducy; it flowed as from a water pipe but I couldn't say anything to him – he was within his rights, sensing within his whole canine soul the impending danger. Ducy too quietened down despite her lively nature, possibly she was listening to the unusual doggy singing which she'd never heard before. Only Sandy was imperturbable and this helped me not to lose consciousness when I crushed my first victim – a hare

первую жертву – зайчика на дороге. Всего за этот день от моего вождения пострадали две белки, два кролика и один фазан.

Я страшно огорчалась, но ничего не могла поделать; я не могла ни объехать, ни затормозить, я двигалась в стиле танка – напролом – и моя главная задача была оставить в живых всех пассажиров машины. На этом я и сосредоточилась. Только позднее, когда я научилась водить машину, я поняла какой трюк использовал Сэнди в тот день – я вела машину с включённым аварийным сигналом, поэтому глаза у встречных водителей выражали крайнее изумление, или страх, или что-то в этом роде.

С каждым днём у меня прибавлялось понемногу опыта в вождении, но Бенсон завывал по-прежнему, *стоило мне[1]* включить мотор и проехать первые сто метров. И это означало для меня, что я не делала ощутимого прогресса, потому что собаки всегда предчувствуют опасность. У них это вмонтировано каким-то образом в их собачью душу, чего нам явно не достаёт.

Однако, подходили к концу наши необыкновенные и сказочные каникулы. Мы должны были распрощаться с хитроумным и печально-милым воришкой Бенсоном, с роскошной жизнью богатых загородных поместий, с замками Шотландии и, главное, с Сэнди. Он не хотел нас отпускать, придумывал всякие предлоги и заманчивые ловушки для нас остаться. Конечно же, я его понимала: мы были забавным отвлечением от его грустных мыслей. Но мне нужно было возвращаться, я должна была начать работу в музее.

Его сестра Сэра приехала за нами из Англии. Перед тем как нам вернуться, она осталась на несколько дней

1   стоило мне....– as soon as...

on the road. In all on that day two squirrels, two rabbits and a pheasant suffered from my driving.

I was terribly stressed but could do nothing, I could neither swerve nor brake; I moved tank-style – straight through – with my primary task to keep all passengers alive. I concentrated on this. Only later when I learned to drive did I understand what trick Sandy used that day: I was driving with the emergency lights so that the eyes of oncoming drivers expressed extreme consternation, fear or something like it.

With each day I gradually gained experience of driving but Benson howled as before as soon as I started the engine and drove the first hundred metres. And this indicated to me that I wasn't making perceptible progress because dogs always sense danger. This is in some way built into their canine soul but is lacking in us.

However, our extraordinary and fairytale holiday was drawing to an end. We had to bid farewell to that crafty and endearing thief Benson, to the luxurious life of wealthy country estates, to Scottish castles and, most importantly, to Sandy. He did not want us to let us go and devised all kinds of pretexts and tempting traps for us to stay on. I understood him of course: we were an amusing distraction from his sad thoughts. However I needed to return as I had to start work at the museum.

His sister Sarah came for us from England. Before going back she stayed several days on the estate. Probably, knowing

в поместье. Наверное, зная свою сестру, и зная, что она любит «фан», Сэнди предложил ей прокатиться с нами, когда я сидела за рулём. После нашей прогулки, когда опять несколько невинных жертв «*пали от моего руля*»[1], и Бенсон, исходя слюной, исполнил свои обязательные «арии», Сэра сказала, что она чувствует, что кровь по её жилам течёт гораздо быстрее. «Никогда прежде я не испытывала такого необычайного возбуждения в машине», – смеясь добавила она. Так что, моё вождение заставляло чувствовать пульс жизни всех моих пассажиров. Бедный Бенсон, только он не мог пожаловаться.

Когда мы все сели в машину, чтобы отправиться в дальний обратный путь, Сэнди вышел нас проводить. Он сказал перед прощанием, что это было лучшее лето в его жизни. Он сказал это с таким чувством и с таким взглядом, что я поверила – это не была принятая английская учтивость.

Я была готова расплакаться; мы прощались, прощались навсегда. Всякие слова были бы бессильны передать боль расставания навеки и сострадание в трагическом и безвременном уходе Сэнди из жизни. Ему было всего 54 года. В последнюю минуту Сэнди протянул Дусе свёрток, она развернула его. Это был его подарок. Сэнди подарил ей свою детскую, сделанную специально для него, серебряную миску для овсянки и выгравировал на ней: «Даше от Сэнди 1991». Это было так трогательно! Также он подарил ей серебряную ложку для овсянки и детские серебряные нож и вилку, чтобы уже с трёх лет она могла *блюсти*[2] манеры за столом. На всём серебре была фамильная монограмма. Да, это был сердечный и памятный подарок на всю жизнь.

1 пали от моего руля – expr., to die from my driving
2 блюсти – colloq., ironic, соблюдать

his sister and that she liked a bit of fun, Sandy proposed to ride with us when I was at the controls. After our trip, when again several innocent victims fell to my wheels, and the slobbering Benson performed his obligatory 'arias', Sarah said she felt the blood in her veins flowed much faster. "Never before did I experience such extraordinary excitement being in a car", she chuckled. Thus it took my driving to make all my passengers feel their hearts beating. Only poor Benson couldn't complain.

When we all got into the car to leave for the long journey back, Sandy came out to see us off. He said before the farewell that this was the best summer of his life. He said this with such feeling and such an expression that I believed this was not just English courtesy.

I was ready to burst into tears; we said goodbye, said goodbye forever. Any words would be powerless to transmit the pain of parting forever and the compassion for the tragic and untimely withdrawal of Sandy from life. He was only 54. At the last minute Sandy held out a parcel to Ducy and she opened it. This was his present. He was giving her his own child's silver porridge bowl made specially for him, with "To Ducy from Sandy 1991" engraved on it. This was so touching! He also gave her a silver spoon for the porridge and a child's silver knife and fork so as to encourage table manners at three-year-old. All the silver bore the family monogram. This was indeed a heartfelt and memorable gift for life.

III. «ТУМАННЫЙ АЛЬБИОН»

Сэра завела мотор и мы тронулись, очень медленно; Сэнди стоял и смотрел нам вслед... стоял и смотрел... И вдруг, только тогда, в полной мере, за эти несколько секунд, я почувствовала безысходность, которую испытывал Сэнди, невероятную печаль его ухода. За весь этот месяц он ни разу не дал мне повода посочувствовать ему или чем-то помочь; мысль о его участи покоилась где-то на заднем плане моего сознания, и я часто даже не задумывалась вовсе о его сосчитанных днях. Только сейчас, эта невыносимая боль за него обрушилась на меня, как лавина, его глаза выразили всё, в самый последний момент! Я больше не могла сдерживаться и расплакалась.

Сэра безмолвно вела машину, у неё не было слёз. Наши взгляды часто пересекались в зеркале водителя. Я читала в её глазах глубокую скорбь, но и стоическую выдержку тоже. Глаза сестры и брата были необычайно схожи. Они выражали так много одновременно: слегка прикрытую иронию, отстранённую мудрость и внутреннюю силу. Я чувствовала, что Сэнди был как бы с нами, когда я смотрела на Сэру, и это помогло мне в какой-то степени привести под контроль свои чувства.

Сэнди умер через три месяца после нашего отъезда. Очень *его не хватает*[1], не хватает его тёплого сердца, не хватает его утончённого внимания. Мне кажется, я узнала больше об отношении англичан к жизни и смерти. Постижение истины пришло через сострадание.

Меня поразило мужество и присутствие духа Сэнди; не могу сказать за этот урок спасибо, но я бережно храню в душе этот опыт и память о неповторимом Лорде и замечательном эксцентрике – Сэнди.

---

1 его не хватает – he is missed

III.   FOGGY ENGLAND

Sarah started the engine and we moved off, very slowly; Sandy stood there staring after us... And suddenly, only then, I felt completely for those few seconds the doom which Sandy experienced, the unbelievable sorrow of his passing. For the whole month he never gave me occasion to sympathize with him or do something to help; thoughts about his lot stayed somewhere in the background of my consciousness and I frequently didn't even really think of his numbered days. Only now this intolerable empathy for him attacked me like an avalanche, his eyes expressed everything at the very last moment! I could hold myself back no longer and burst into tears.

Sarah drove the car silently, she shed no tears. Our glances frequently crossed in the driving mirror. I read in her eyes deep sorrow but also stoic endurance. The eyes of sister and brother were extraordinarily similar and expressed so much at once: the thinly veiled irony, the unassuming wisdom and inner strength. I felt as if Sandy was with us when I looked at Sarah and this helped me to some extent to keep my feelings under control.

Sandy died three months after our departure. He was sorely missed: his warm heart, his exquisite attention. It seems to me I learned more about the attitude of Englishmen to life and death. Comprehending the truth came through compassion.

I was struck by Sandy's courage and spirit; I am not able to thank him for this lesson but I store with great care in my soul the experience and memory of the inimitable lord and splendid eccentric that was Sandy.

III. «ТУМАННЫЙ АЛЬБИОН»

5. Первые шаги в новую жизнь в Англии

«Не думаю, не жалуюсь,
не спорю, не сплю.
Не бегу ни к солнцу, ни к луне и
ни к кораблю».

Марина Цветаева

Пора, однако, рассказать, как началась наша жизнь на чужой земле. Я помню, как моя мама сказала перед нашим отъездом: «Зачем же ты едешь на чужбину? *Ведь дома даже и стены родные помогают*»[1]. Я вспоминала это русское выражение не раз, здесь в Англии, когда «родных стен» не было, не было ни родственников, ни друзей. В России, когда проблемы обступают тебя со всех сторон или *грызёт тоска*[2], люди идут к родственникам, но по большей части к друзьям. Покупают бутылку вина или просто пьют бесконечное количество чашек чая с вареньем и рассказывают свои горести. Освободишь душу другу, обсудишь все возможные варианты вместе и, к моменту прощания после нескольких часов таких *посиделок*[3], чувствуешь огромное облегчение. И вроде, находится путь жить дальше – вот они «родные стены».

Я говорила раньше о своих незаменимых друзьях; я до сих пор летаю на самолёте к моим «родным стенам», когда становится *невмоготу,*[4] и необходимо выпить «чашек сто чая», чтобы разрешить проблемы и снова почувствовать радость жизни. Я уверена, что исключительно благодаря моим друзьям, у меня никогда

1 Ведь дома даже и стены родные помогают – expr., when at home even the walls help
2 грызёт тоска – colloq., to feel down, depressed
3 посиделки – colloq., to spend time with the friends
4 невмоготу – colloq., unbearable

5. First steps to a new life in England

"I don't think, I don't complain,
I don't argue, I don't sleep.
I no longer run either to the sun, or to the moon
or to a ship."

Marina Tsvetaeva

Now however it is time for me to write about the start of our life in a foreign land. I remember my mother saying to me before our departure: "Why are you going to that foreign land? *When in your homeland even the native walls help*". This Russian expression came to mind time and again here in England when there were no 'native walls', when neither my relatives nor my friends were around. In Russia when one is surrounded by problems or one's soul is aching, people turn to their relatives but for the most part to their friends. They buy a bottle of wine or simply drink copious cups of tea accompanied by *vareniye*[1] whilst relating their misfortunes. You bare your soul to a friend, discuss all the possible angles together and at the moment of farewell, after several hours of such a get-together, you feel huge relief and there will be found a way to carry on living – here they are, the 'native walls'.

I spoke earlier about my irreplaceable friends; even now I still fly home in search of these walls, when life becomes unbearable and it's necessary to drink cups of tea by the hundred to resolve my problems and find happiness in living again. I am sure that it's exclusively thanks to my friends that I've never succumbed to that well-known British complaint,

1   jam made from berries

III.   «ТУМАННЫЙ АЛЬБИОН»

не было и не будет знаменитой английской депрессии, от которой в Англии страдает, чуть ли не каждый пятый человек.

В Англии люди не делятся своими проблемами и бедами друг с другом; всё несут на своих плечах и запирают в себе. Я не знаю хорошо это или плохо? Может это хорошо для окружающих, которых люди из вежливости не нагружают своими проблемами. Однако, это плохо для человека, с которым случилась беда и который не может найти выхода из создавшейся ситуации.

Да, это правда, в Англии существуют так называемые советчики, есть такая официальная должность «counsellor», но почему-то количество страдающих от депрессии не уменьшается, а всё возрастает. Так что, я думаю, что общение с друзьями, душевное тепло и участие друга значат для человеческого сознания неизмеримо больше, чем платный, я бы сказала, холодный и официальный визит к «советчику».

Душа человека не может раскрыться до конца, да и сам человек не может полностью расслабиться во время официального посещения. Я знаю о чём говорю, я сама посещала несколько раз этих советчиков – не помогало.

Итак, жизнь наша началась с решения множества задач. Мне нужно было не только работать в музее, но и найти жильё для нас с Дусей и устроить её в школу в подготовительную группу. Самое трудное было – совместить работу с уходом за ребёнком. Детских садов (в русском понимании, когда ты отводишь ребёнка в восемь утра и забираешь в шесть вечера за двадцатую часть своей зарплаты) таких детских садов в Англии просто не

depression, from which suffers almost one person in five in England.

You see, in England people don't share their problems and misfortunes with one another, they bear it all on their shoulders and lock it inside themselves. I don't know whether this is good or bad? Perhaps it's good for those around, on whom people out of politeness don't offload their problems. However, this is bad for the person to whom the misfortune happened and who can't find a way out of the situation.

Yes it's true that in England we do have so-called advisers in the official post of 'counsellor', but for some reason the number of those suffering from depression, far from diminishing, is actually on the rise. I have therefore come to the conclusion that contact with friends and warm friendships is infinitely more valuable to the human mind than any time spent on a cold and official visit to the 'counsellor'.

The human soul cannot be bared entirely and the person himself cannot completely relax during the official visit. I know what I'm talking about: I've visited these professionals myself several times – it didn't help.

So our life here started with the task of solving many problems. I had not only to work in a museum but also to find accommodation for Ducy and me and to organize her at preschool. The most difficult thing was to combine work with childcare. Kindergartens (in the Russian sense, when you drop off the child at 8 in the morning and fetch it at 6 in the evening for a twentieth of your wage) simply do not exist

существует. А устроить Дусю к бэби-ситэ (частная няня) не было никакой финансовой возможности.

В то время государство не помогало родителям оплачивать частных нянь – сейчас помогает – такой колоссальный социальный прогресс. Так вот, я просто разрывалась на части. Нужно было найти выход из положения, нужно было активизировать «ген живучести», который, я думаю, синтезировался в каждом русском человеке за нашу весьма богатую социально-политическими экспериментами историю России.

Итак, проблем было много, но, кажется, судьба снова улыбалась мне. Мой начальник в музее оказался необыкновенно гуманным, понимающим и дружелюбным человеком. Небольшие по размеру работы я могла брать домой и реставрировать их в моей самодельно-оборудованной маленькой студии. Такой режим работы помог мне совместить воспитание ребёнка с трудовой деятельностью и ведением домашнего хозяйства. Я, можно сказать, крутилась и вертелась без передышки. Ни о каком социально-развлекательном общении мечтать уже не приходилось. Надо было выдержать, выдержать, во что бы то ни стало. Во-первых физическую нагрузку каждодневной многочасовой работы, но также и психологическую нагрузку, которая возникла от незнания структуры общества и от незнания обычаев страны.

И, может, это читателям покажется смешным, но надо было выдержать и «не захлебнуться» от потока писем и «атакующей» тебя рекламы самого разного рода. Каждые три, четыре дня у меня образовывалась куча писем из школы, с работы, из банка, из больницы и т.д. Но, мало-помалу, я научилась читать английские тексты по диагонали, и мозг каким-то образом намекал мне какие письма важные и срочные, а какие можно

in England. And to arrange a babysitter (private nanny) for Ducy there was no financial provision whatsoever.

In those days the state did not help parents with the cost of private babysitters. Now they help – such great social progress. At the time I was completely in pieces. I needed to find a solution to my plight. I needed to activate the 'survival gene', which I believe is inherent within all of us Russians, thanks mainly to our rich history of sociopolitical experimentation.

So, there were a lot of problems but it seems to me that fate smiled at me again. My boss at the museum proved to be exceptionally humane, understanding and friendly. I was now given permission to restore smaller works at home in my small makeshift studio. This new regime allowed me to combine the raising of my daughter, my professional occupation and my house chores. I was, one could say, in a complete spin without the respite. No longer could I even dream of some kind of social entertainment. I had to keep going, to withstand at all costs both the physical demands of daily long hours of work as well as the psychological strain of adjusting to the customs and lifestyle of the country.

Readers may find it funny but I struggled just to keep on top of the constant stream of letters and pushy advertising matter of various kinds. Every three or four days I get a pile of letters from the school, from my work, from banks, from the hospital, and so on. But little by little I learnt to skim English text and the brain somehow prompted me as to what kind of letters are important and urgent, and what I can bin

выбросить в корзину тут же. Какие счета нужно оплатить немедленно, а иначе тебя вызовут в суд, а какие можно вообще проигнорировать, так как компания пытается «всучить» тебе свой продукт. Короче, как-то справлялась и сейчас могу уверенно сказать, что могла бы работать на сортировке писем – «куда», «кому», «почему» и т.д. Рассортировать тысячу в день – не проблема. Заметила здесь, в Англии, что мозг – удивительно отзывчивый друг: чем больше его нагружаешь, тем охотнее он тебе помогает.

6. Не повезло, так не повезло!

«Я тень от чьей-то тени».

Марина Цветаева

Но почему же случилось так, что я опять должна была выживать, но уже не в России, а в Англии? На этот раз, сражалась я уже не с голодом и отсутствием денег (так как зарплату в России нам не выплачивали иногда за два или три месяца). На этот раз, мне приходилось выдерживать взрывы необузданного гнева английского «экстраординарного» мужа и его крайнего раздражения по малейшему поводу. Виню в этом исключительно себя, так как стала жертвой своей неисправимой доверчивости и легкомыслия. Вышла замуж за «шизофреника»; в Англии такого типа людей называют помягче – «несбалансированная личность».

Я поверила письмам этого человека, которые я получала через день, письмам на четырёх, пяти страницах – эмоциональных и прекрасных. Да, письма были очаровательные, сердечные, написанные очень хорошим

at once. What bills need paying immediately otherwise you could be taken to court and which could be ignored because a company is just trying to peddle their wares. In short, I managed somehow and now feel confident I could work in a mail sorting office – where to, to whom, why, and so on. To sort a thousand a day – no problem. I notice here in England that the brain is an amazingly helpful friend: the more you load it the more willingly it helps you.

6. Unlucky, oh so unlucky!
"I'm a shadow of somebody's shadow."

Marina Tsvetaeva

So just how did it happen that I was again forced to fight for survival, though no longer in Russia but in England? This time I was no longer battling with hunger and the lack of money (since wages in Russia were sometimes not paid for two or three months). This time I had to contain the outbursts of unbridled rage at the hands of an 'extraordinary' husband and his extreme irritability for the smallest reason. I blame this solely on myself, and so I became a victim due to my incorrigible credulity and frivolity. I had effectively married a schizophrenic though in England people use the softer term 'unbalanced personality'.

I believed the letters from this man, which I received every other day: letters running to four or five pages – emotional and wonderful. Yes the letters were fascinating, heartfelt and written very eloquently. They totally turned my head and I

языком. Они мне вскружили голову, и я вообразила, что я уже знаю этого человека. Однако, видела я только очевидное, что этот мужчина был надломлен и нуждался в помощи. Но я была настроена романтично и подумала, что я достаточно сильная, чтобы помочь этому человеку. Мне даже нравилась эта мысль, что я могу реально кому-то помочь. Теперь-то я думаю, что я, явно, переоценила свои возможности.

Итак, после его настойчивого предложения выйти за него замуж, я, наконец, согласилась – опять «прыгнула с моста» – (моё выражение для необдуманных поступков).

Как только мы вступили в официальный союз, после непродолжительного времени я стала замечать изменения в наших отношениях (не в лучшую сторону), которые происходили с пугающей скоростью. Для начала он запретил абсолютно всем моим друзьям переступать порог его дома. Даже дружелюбнейшие христиане Мэри и Сэнсия попали в этот чёрный список. Потом он запретил мне ходить в церковь и часами «*изливал свою желчь*»[1] на всех верующих. Для меня это была какая-то дикость, я ничего не понимала. Возражать было бесполезно – он начинал так кричать, что мне было страшно за Дусю. Она очень пугалась такого шума, никто на неё не кричал прежде. Кроме того, он представил меня всем своим любовницам, и мы нанесли визиты всем без исключения.

Я недоумевала, нервничала, переживала. Я не понимала почему он был так жесток. Это была какая-то намеренная пытка; таким образом он пытался мне доказать, я думаю, что он был «не последний мужчина» на свете и был даже любимцем женщин. Может быть,

---

1 изливать желчь – expr., to pour out your bile

imagined I already knew this person. However I saw only the obvious, that this was a broken man and in need of help. But I was in romantic mood and convinced that I was strong enough to help him. I even fancied the idea that I might be able to help somebody. Now I believe that I had clearly overestimated my powers.

And so after his persistent marriage proposals I finally agreed. Again I had 'jumped from the bridge' (as I call rash behaviour).

As soon as we were officially married I noticed, after a short time, changes in our relationship – and not for the better – which happened with alarming speed. For a start he banned every single one of my friends from entering the house. Even the most friendly of Christians, Mary and Cynthia, were included on his blacklist. He then forbade me to go to church and for hours 'vented his bile' on all believers. For me this was some sort of absurdity. I didn't understand it and it was useless to object as he'd start shouting which made me terrified for Ducy. She was scared stiff by such noise, nobody had ever shouted at her before. On top of this he introduced me to all his previous lovers and we went to visit them all without exception.

I was puzzled, nervous and upset. I couldn't understand why he was so cruel. It was deliberate torture: in this way he was trying to prove, or so I believe, that he was a quite a catch and God's gift to women. Perhaps he wanted me to be

он пытался вызвать во мне ревность? Очевидно, у него был *комплекс неполноценности*[1]. В довершение ко всему, в нашей спальне была его большая фотография. На обнажённое тело был накинут кожаный жилет, и отсутствие какого-либо прикрытия нижней половины тела; при этом очень гордое выражение лица. Может быть, это так называемый *«фан по-английски»*, не знаю, только я абсолютно ненавидела эту бесстыдную фотографию, однако, он не разрешал мне её снять.

Итак, письма писать перестал, но вместо этого начал кричать и устраивать скандалы. Малейший повод мог послужить для взрыва. Например, я использовала какой-то неправильный нож при приготовлении пищи, или Дуся вышла из кухни и не закрыла дверь за собой, или температура приготовленной пищи была на два градуса ниже, чем он ожидал.

Могу сказать, что моя жизнь превратилась в сущий ад! Контролировался каждый мой шаг, каждая моя мысль. Он работал мало; в основном его занятия сводились к тому, чтобы отслеживать меня.

Иногда мне удавалось остаться наедине и провести полчаса в парке по пути из центра города домой. Я возвращалась, нагруженная покупками, и от тяжести мешков с продуктами руки немели и становились сизыми. Я останавливалась отдохнуть и привести свои мысли в порядок. Ложилась на траву, и глядя, в бездонную и успокаивающую синеву неба, пыталась разобраться – как меня угораздило оказаться в положении запуганной домохозяйки?

Имея высшее образование и успешную карьеру в Москве, оставив любимую работу и круг друзей, я оказалась у ног властвующего «домашнего короля»,

1 комплекс неполноценности – inferiority complex

jealous? Obviously he had an inferiority complex. As if all this wasn't enough, in our bedroom hung a big photograph of him. On his naked body he wore a leather waistcoat and the absence of any cover lower down. A smug expression adorned his face. Maybe this is what's called fun in England, I'm not sure, but I absolutely hated this shameless photograph. However, he refused to let me remove it.

He stopped writing letters and at the same time started to shout and make trouble and provoke scenes. The smallest pretext would set off an explosion. For instance if I used the wrong knife whilst cooking or Ducy left the kitchen without shutting the door behind her, or the temperature of his meal was two degrees below what he expected.

My life turned into utter hell! He controlled my every move, my every thought. He didn't work much. In fact his sole occupation was concentrated on keeping an eye on me.

However at times I managed to find some time for myself and I would spend half an hour in the park on my way home from town. I'd return loaded with shopping, my hands going numb from the weight of the bags and turning blue. I'd stop to catch my breath and get my thoughts in order. I'd lie on the grass and, looking into the endless blue, tranquil sky, I would try to work out how on earth had I ended up in this position of intimidated housewife?

Having had higher education and a successful career in Moscow and after leaving my favourite job and circle of friends, I ended up at the feet of the ruling *king of the castle*[1],

1 after a nursery rhyme

– растерянная, не зная обычаев и законов страны с маленьким ребёнком. Меня превратили в безмозглый придаток. Я должна была готовить на всю семью (включая его взрослых уже детей) каждый день, мыть гору посуды не только за собой, но и за всеми остальными квартирантами дома, убирать весь дом и, при всём при этом, бояться допустить малейшую оплошность. Я чувствовала какую-то униженную зависимость. Он хотел доминировать и властвовать – этакий «местечковый королёк!»

Кроме того, я очень опасалась за Дусю – эти скандалы и крики могли оказать разрушительное действие на её психику. Дочка была предоставлена сама себе, у меня совершенно не было времени заниматься с ней, а ведь она совсем не говорила по-английски. Но после работы в первой половине дня, затем покупки продуктов, приготовления ужина и мытья посуды, я уже *«валилась с ног»*[1].

Ей необходимы были моя поддержка и помощь, чтобы привыкнуть к новой обстановке. Бедный мой ребёнок – её раннее детство могло бы быть куда более интересным. Она как-то осваивалась совершенно одна. Виню себя во многом. Моё единственное оправдание – я честно старалась делать всё возможное для неё, что только могла, и жила для неё и сердцем и умом. Однако, не могу себе поставить пятёрку за свои старания, было сделано много ошибок.

Итак, думала я, моя идея помочь этому человеку провалилась, я должна была в этом сознаться. Я была слабее его внутренней неудовлетворённости, его внутренней злости на весь мир. Моя доброжелательность и невероятное терпение почему-то не срабатыва-

---

[1] валиться с ног– colloq., to drop from tiredness

feeling lost and not knowing the customs and laws of the country I was in, with my small child. I became a mindless appendage. Every day I had to cook for the whole family (including his already grown-up children), do a mountain of washing up not only for us but also for all the lodgers in the house and I had to clean the whole house. On top of this I was petrified of making the slightest mistake. I felt a sort of humiliated dependence. He wanted to dominate and rule – such a pampered king!

Furthermore I greatly feared for Ducy; all the rows and shouting could have grave consequences for her psyche. Ducy was left to her own devices. I just did not have any time for her and she didn't speak any English at all. After my work in the first part of the day, then the shopping, preparing dinner and washing up, I was already dead on my feet.

She needed my help and support to feel at home in her new surroundings. My poor child. Her earlier childhood could have been more interesting. She somehow adjusted all by herself. I blame myself for a lot. My only justification is I honestly tried to do everything I possibly could for her, and lived for her in heart and mind. However I cannot award myself a gold star for my efforts. I made many mistakes.

So it was that my idea of helping this man totally fell apart, I have to confess. I was weaker than his inner discontent, than the defiance he felt at the whole world and everything in it. My kindheartedness and unbelievable patience somehow

ли. Мой ребёнок был оставлен на произвол судьбы; надо было найти способ изменить жизнь к лучшему.

Я решила искать совета. Кое-как, украдкой, я сумела связаться с моими новыми друзьями, и они мне посоветовали обратиться к counsellor – английскому «советчику». Я пошла на приём и рассказала о наших трудных взаимоотношениях. Для начала она мне посоветовала поговорить с ним. Я последовала её совету.

Мой муж сказал: – «Если ты хочешь услышать мою правду, ты должна быть готова к этому». Я пообещала, что выслушаю его в любом случае. То, что он мне рассказал, может вызвать сострадание многих сердец, и для меня предыдущая его жизнь объясняла многое в его поведении во время нашего супружества.

Вот его история: отец его не любил, или, может быть, он так думал, но так или иначе, папа отдал его в частную школу. Мальчик возненавидел эту школу всей душой. По ночам он часто плакал, чувствуя одиночество и нелюбовь родителей. Он несколько раз сбегал оттуда, но каждый раз его возвращали и при этом жестоко наказывали. У него совсем не было друзей в школе.

Когда ему было 15 лет, он совершил удачный побег в самый последний раз и пошёл служить во флот. Он пробыл там 8 лет и начал не меру употреблять спиртное – часто он выпивал две бутылки виски, водки или рома в день.

Вернувшись домой, он окончательно порвал с отцом и решил жениться – не по любви, а просто «от нечего делать». Он много работал, много пил и заимел трёх детей. Жену не любил, часто устраивал скандалы и иногда бил её. Жена его презирала. Семья разваливалась

didn't work out. My daughter was left in the hands of fate and I desperately needed to find a way to change my life for the better.

I decided to look for advice. Somehow I managed secretly to get in touch with my new friends and they advised me to turn to a counsellor – the English advisor. I went for an appointment and talked about our troubled relationship. To start with I was advised to talk with him. I followed her advice.

My husband said "If you want to hear my story, you'd better be prepared for it". I promised that no matter what, I would listen to him. What he told me would wring compassion from many a heart and for me his previous life explained much of his behaviour during our marriage.

Here is his story. His father never loved him, or perhaps this was just his impression; either way, his father put him in a boarding school which he utterly loathed. At night he often cried. feeling alone and unloved by his parents. Several times he ran away but each time he was returned and severely punished. He had absolutely no friends at all at school.

When he was 15, he successfully ran away for the very last time and joined the merchant navy. He spent 8 years on board and it was here that he started to drink heavily. Often he'd drink one or two bottles of rum, vodka or whisky a day.

Returning home, he finally broke off all contact with his father and decided to marry – not for love but simply for "something to do". He worked a lot, drank a lot and produced three children. He didn't love his wife. He often made scenes and sometimes beat her. His wife despised him. The family

несколько лет, и когда младшему ребёнку исполнилось четыре года, жена от него ушла, оставив его с тремя детьми.

Тогда он продал ферму и инвестировал деньги в облигации. Пил по-прежнему много. Вскоре он потерял все деньги от неудачного вложения и безмерного употребления алкоголя; остался с тремя детьми без денег и без *крова¹*. Два года они жили в палатке и питались часто на один, два фунта в день. Женщины, с которыми он сближался, все его бросали, бросали с презрением, как он выразился: – «Отбрасывали меня носком сапога, потому, что я был ни на что не годен». Он возненавидел весь мир и, в особенности, женщин. Он стал алкоголиком. Лечился с переменным успехом.

Перед тем как встретил меня не пил два года, но состояние раздражения на весь мир не только осталось в нём, но нарастало и распирало его. Он чувствовал, что в его жилах кровь была смешана с ядом ненависти ко всему и ко всем. Ему было трудно жить даже с самим собой. Во мне он увидел и почувствовал надежду – я была дружелюбная, стабильная, преуспевающая и одновременно «мягкая» – так он выразился. Кроме того, моё финансовое положение было надёжным и для него обещающим. Надо сказать, что когда мы переселились в его дом, который он приобрёл на занятые у сестры деньги, то у него не было даже кровати. Так что я купила отличную кровать, а заодно и машину, чтобы отвозить дочку в школу.

Я выслушала его горькую историю, и у меня появилось ощущение, что я смотрю в калейдоскоп проблем. Надо было крепко подумать обо всём и постараться найти выход для нас с Дусей. Когда я выходила за него замуж,

---

1 кров – accommodation

was falling to pieces for several years and when the youngest child turned four his wife ran away, leaving him to look after the three children.

He then sold his farm and invested the money in shares. He drank as much as before. Soon he lost all his money due to bad investments and heavy drinking; he was left with three children, no money and no roof over their heads. For two years they lived in a tent and often lived off one or two pounds a day. Women he got acquainted with all threw him over, ditched him with contempt: as he put it: "They booted me out because I was a good-for-nothing". He deeply despised the whole world and women in particular. He became an alcoholic and was treated with varying success.

At the time when he met me he'd been sober for two years but the state of his irritation with the world was still there, not only still there but swollen to bursting point. He felt as if the blood coursing through his veins was poisoned with hatred for everything and everyone. It was even difficult for him to live with himself. In me he saw and felt hope – I was strong, stable, successful, and at the same time, as he would put it, gentle. What's more, my financial situation was healthy and for him this was promising. I should say that at the time when we moved into his house, which he acquired by taking money from his sister, he didn't even own a bed. So I bought us a bed, as I did a car, which was a necessity for taking Ducy to school.

I listened to his bitter tale and it felt to me as if I was staring into a kaleidoscope of problems. I had to deliberate hard about it all and find a solution for Ducy and me. When

я ничего этого не знала, даже на минуту не могла представить тогда, что человек мог жить так грустно и бестолково. В сущности он погубил не только свою жизнь, но и отравил жизнь своим близким – жене и детям.

Не мне судить, где именно лежали корни его несостоявшейся, несчастной жизни – он обвинял во всём отца. Я думаю иначе: я думаю, что для взрослого человека с более или менее здоровой психикой, это можно отнести к категории: «что такое хорошо и что такое плохо». Однако, оставим это на суд читателя – подумать об этом, если ему будет интересно, и, кроме того, существует много ментальных отклонений, когда человек не властен над собой.

7.   Первый опыт «садоводства» по-английски

Итак, я думала, что услышала всю историю его жизни, рассказанную честно. Несмотря на то что гордиться было абсолютно нечем, он не старался приукрасить свой характер. Однако, он всё-таки утаил от меня существенную правду нашей *тогдашней*[1] жизни: а именно, он был к тому же и наркоманом, о чём я и не подозревала. Как я уже упоминала прежде, в России в те годы не было этой проблемы. Я не имела ни малейшего понятия ни о наименовании наркотиков, ни о поведении наркоманов, ни о том, как каждый наркотик выглядит. Это неведение привело к тому, что сама не подозревая, я помогала ему: ну, например, я усердно пропалывала и

---

1 тогдашней – colloq., of that time

I married him I knew nothing of all this nor could even have imagined for a minute that a person could live such a sad and incoherent life. In essence he had not only destroyed himself but wrecked the lives of those closest to him – his wife and children.

It is not for me to judge where exactly lay the source of his wasted, unhappy life – he blamed everything on his father. I think differently: I believe that adults with a more or less healthy mentality are quite capable of deciding for themselves what is right or wrong. However I will reserve this judgement for the reader to consider if interested, and besides there are many mental aberrations where man is not the master of his mind.

7. First experience of English gardening

Thus I thought I'd heard every detail of his life, told to me in all honesty. Despite the fact that he had absolutely nothing to be proud of, he didn't try to embroider his character at all. However he still kept from me the essential truth of our life at that time: namely that, to crown it all, he was a drug addict. This was something I never once suspected. As I've mentioned previously, in Russia in those years there was no such problem. I hadn't even the slightest understanding or knowledge of drugs, or of the behaviour of those addicted to them or indeed what drugs even looked like. This ignorance led to me unsuspectingly helping him in this: for example I keenly weeded and watered the 'flowers' as he requested in

III. «ТУМАННЫЙ АЛЬБИОН»

поливала «цветы» по его просьбе на виду у всех соседей, так как дом примыкал и слева и справа к соседним домам.

Он особенно дорожил этими «цветами», как я поняла. Когда я спросила как они называются, он ответил что-то по латыни с видом знатока, но я, конечно, тут же забыла. А на самом деле это была марихуана. Я вязала из неё маленькие веники по его просьбе и развешивала их для просушки в свободной от квартирантов комнате. Я поинтересовалась как-то раз, почему он так особенно «*печётся*»[1] об этих цветах, и он ответил, что это очень хорошая приправа для пищи. Правда мы никогда её не употребляли при приготовлении, но я как-то не придавала этому значения. Приходили какие-то люди, и я им отдавала маленькие бумажные пакетики по его просьбе. Я никогда не интересовалась, что в пакетиках. (По русскому обычаю ты не должна *совать свой нос в чужие дела*[2].)

Совершенно очевидно он принимал меня за окончательную дуру (какой я, надо сказать, и была, если я всё это проделывала). В то же время, он меня страшно подставлял. Если бы пришла полиция, то я оказалась бы злостным соучастником, да что там говорить, не только соучастником, а *главным действующим лицом*[3]. Ведь соседи видели в саду только меня, и пакетики отдавала только я. Он был всё-таки вероломный лгун! Как он мог так использовать мою доверчивость и моё неведение – просто страшный и гнилой человек.

Кстати, я узнала об этом «бизнесе» только спустя много лет, после того как мы расстались и развелись.

---

1 печётся – colloq., to take care of…
2 совать свой нос в чужие дела – expr., poke one's nose into
3 главным действующим лицом – the main character in a play

full view of all the neighbours who lived either side of our terraced house.

He particularly cared for these 'plants' as I remember. When I asked him what they were called he answered something in Latin with a knowing expression, and of course I instantly forgot. In fact it was marijuana. I took little twigs from the plant as he wanted them and hung them up to dry in the room that was free from lodgers. Once I was interested in why he took such great care with these plants and his answer was because it's a good seasoning for food. True, we never used this seasoning when cooking but I attached no importance to this. People used to come to the house and I used to hand them little paper bags as he instructed me. I was never interested in what the packets contained. (In Russian custom you should not 'poke your nose in other people's affairs'.)

It's quite obvious he took me for a complete dimwit (which, it must be said, I was if I did all this). At the same time he incriminated me shockingly because, if the police had come around, I would have appeared to be his willing accomplice or, worse still, not just accomplice but playing the lead part. The neighbours saw only me in the garden and I was the only one handing out the packets. He was a treacherous liar! How could he take advantage of my trust and ignorance? What a cruel and despicable person.

Incidentally I only found out about this 'business' years later when we separated and divorced. I was watching some

Смотрела какую-то передачу о наркотиках по телевизору и вдруг узнала «цветочки», которые я поливала! У меня *«мурашки поползли по коже»*[1], только тогда я поняла, чего я избежала – штрафа, позора, тюрьмы! У меня был *столбняк!*[2] «До чего же всё-таки жалкий, ничтожный человек»,– подумала я тогда о моём бывшем муже.

Опять же, только во время передачи, я поняла, наконец, почему он не разрешал никаким моим друзьям переступать порог дома. Англичане, естественно, всё бы поняли, когда увидели бы «сохнущие венички».

8. Страх в доме

Итак, история его жизни, которую он мне рассказал, прояснила до некоторой степени причины по которым он впадал в раздражительность и гнев.

Однако, нужно было найти какой-то способ регулировать эти пугающие приступы. Я решила пойти к врачу и поговорить о его состоянии. Доктор выслушала меня внимательно и сказала, что, к сожалению, вся информация о пациентах является конфиденциальной и, несмотря на то, что он мой муж, она не имеет права раскрывать её. Однако, она мне намекнула, что если бы она была на моём месте, то она бы подумала, как расстаться с этим человеком. Это меня озадачило и настрожило. Намёк доктора был совершенно откровенный, и это запало мне в память.

Случай расстаться с моим мужем не заставил себя долго ждать. Случилось это одним утром, когда я вернулась домой, после того как я отвезла Дусю в школу. Он опять начал придираться к каким-то пустякам, и тут я

1 мурашки поползли по коже – expr., it gives one the creeps
2 «столбняк» – colloq., stupor

sort of documentary about drugs on television and suddenly recognised the little 'flowers' I used to water! I got goose pimples; only then did I discover what I'd escaped – a fine, shame and prison! I was struck rigid! "What a pitiful, insignificant person", I thought then about my ex-husband.

It was only while watching this programme that I finally came to understand why for all these years he had refused to let my friends come into the house. English people would naturally have understood everything as soon as they'd noticed the little drying twigs.

8. Fear at home

And so the life story, as he told it, clarified to some extent the reasons why he lapsed into irritability and rage.

However, it was necessary to find some way of regulating these frightening assaults. I decided to go to the doctor and have a talk about his condition. The doctor listened to me attentively and said that, unfortunately, all information about patients was confidential and that regardless of the fact that he was my husband, she didn't have the right to reveal it. However she hinted to me that, were she in my place, she would consider parting with this person. This puzzled and alarmed me. The doctor's hint was completely frank and this is engraved on my memory.

A chance of parting from my husband was not long in coming. It happened one morning when I returned home after taking Ducy to school. He again began to find fault over some trivialities and I could finally stand it no longer

не выдержала, наконец, и сказала, что меня уже начинает тошнить, когда я слышу его брюзгливый голос.

Реакция была взрывная. Он схватил горшок с цветком и запустил в меня. Я удачно увернулась (*не прошли даром[1]* мои занятия спортом), и горшок разбил большое окно. Я посмотрела на него в полнейшем изумлении, но то, что я увидела, испугало меня гораздо больше, чем цветочный горшок. Его лицо было искажено нечеловеческой злобой, и вокруг рта появилась обильная пена. Он пытался что-то говорить, но только разбрызгивал пену. Я была в каком-то остолбенении, но когда он схватил другой увесистый горшок с цветком и опять запустил в меня (на этот раз, разбив картину), молниеносно сработал мой инстинкт самосохранения. Я *пулей вылетела из дома[2]* в домашней одежде и домашних тапочках.

9. Английская соседка

Первое, что мне пришло в голову – это забежать к соседке и отдышаться, и осознать что же произошло.

Милая женщина; она сразу же предложила мне чашку чая – традиционное английское гостеприимство, чтобы начать разговор. Но после того, как она меня выслушала, она предложила мне ещё и виски, чтобы я перестала трястись. Она выпила и сама немного, чтобы тоже собраться с мыслями и найти выход для нас с Дусей из создавшегося положения. Проблем возникло сразу множество. Мы оказались в одно мгновение на улице – без одежды, без денег, без крыши над головой, без документов. Возвращаться в его дом я боялась, у него было ружьё, которое стояло у нас в спальне – реальная угроза при «непослушании».

1 не прошли даром – colloq., had not been wasted
2 пулей вылетела из дома – colloq., to leave like a bullet

and said that he was making me feel sick when I heard his grumbling voice.

The reaction was explosive. He grabbed a pot of flowers and threw it at me. I successfully ducked (my sports had not been for nothing) and the pot broke a large window. I looked at him in the sheerest consternation but what I saw frightened me much more than the flowerpot. His face was contorted with inhuman malice and a lot of foam appeared around his mouth. He tried to say something but only sprayed foam. I was somewhat dumbfounded but when he grabbed another heavy pot of flowers and again launched it at me (this time smashing a picture) my instinct of self-preservation operated with lightning speed. I shot out of the house like a bullet, in dressing gown and slippers.

9. My English neighbour

The first thing that came into my head was to run over to the neighbour and get my breath back, and take stock of just what had happened.

The dear woman; she immediately suggested a cup of tea – traditional English hospitality – so as to get talking. But after listening to me she proffered whisky so that I'd stop shaking, and drank a little herself to collect her thoughts and find a way out for Ducy and me from the situation which had arisen. A whole lot of problems arose immediately. We had proved to be on out the street in an instant – without clothing, without money, without a roof over our heads, without documents. I feared to return to his house, he had a gun which stood in our bedroom – a real threat in view of my 'disobedience'.

Что же я скажу Дусе, когда заберу её из школы? И куда мы отправимся после школы? Оставаться у соседки было нельзя – я не могла подвергать её опасности при таком соседстве. Она посоветовала мне позвонить друзьям и, может быть, у кого-нибудь найти приют на пару дней. Я так и сделала, и, как говорится, «мир не без добрых людей».

10. Начало *странствий по мукам*[1]

Нас приютили на три дня. Дуся задавала мне множество вопросов, на которые я не могла ответить на её детском уровне, но больше всего она переживала, что не могла снова увидеть своего верного приятеля – кота, к которому она привязалась всей душой. Кот этот кишел блохами и глистами, но он был её надёжным и единственным другом. С котом можно было говорить на ломаном английском языке, он не возражал, он всё понимал. Печально, не правда ли?! За эти три дня мне нужно было найти какое-то жилище на более длительный срок и принять решение – что же делать дальше. Тотчас же вернуться в Москву я не могла – не было ни денег, ни документов. К тому же Дуся пошла в школу, и была середина учебного года, приближалось Рождество.

Отправилась я в социальное бюро, где можно было надеяться найти бесплатный совет – что мне делать дальше, как жить. Это замечательно, что в Англии существует такая помощь для людей, оказавшихся в трудном положении. В этом же бюро нам нашли комнату в общежитии для «Людей с проблемами» – так я назвала эту группу. В основном, это были женщины с детьми, которые, как и я, сбежали от буйных и социально опас-

---

1 странствие по мукам – expr., life full of misery and misfortune

Whatever would I say to Ducy when I picked her up from school? And where would we go after school? To stay on with the neighbour was impossible – I couldn't subject her to danger with this proximity. She advised to me to ring friends and perhaps find shelter with someone for a couple of days. So I did and, as the saying goes, the world is not without good people.

10. The start of our wanderings in torment

They sheltered us for three days. Ducy asked me many questions, which I couldn't answer at her child's level, but most of all she was very upset that she couldn't see her loyal friend the cat again, to whom she was attached with all her heart. The cat was infested with fleas and worms but was her true and only friend. It was possible to speak to the cat in broken English: he didn't mind, he understood everything. Sad isn't it?! In these three days to I had to find some sort of abode for the longer term and to make a decision – what to do after that. Right then I couldn't return to Moscow – I had neither money nor documents. Furthermore Ducy was going to school and it was well into the academic year, approaching Christmas.

I left for the Citizen's Advice Bureau, where one could hope to find free advice – like what to do now and how to survive. It's wonderful that in England there is this sort of help for people who end up in difficulties. At the same office they found us a room in a hostel for 'people with problems' – as I called this group. These proved to be basically women with children, who, like me, had run away from violent and

ных партнёров. Кроме того, попадались также алкоголики и наркоманы в состоянии реабилитации. Так что, в этом общежитии я познакомилась ещё с одной социальной прослойкой английского общества...

У меня было ощущение, что я упала в пропасть с высокого обрыва, упала больно. После общения с кругом доброжелательных христиан, после знакомства с Сэнди, приглашения на балы и garden parties высшего общества, оказаться в комнате с картонными перегородками и слушать ночь напролёт пьяные разгулы соседей, было невыносимо тяжело. В этом приюте Дусе долго не удавалось заснуть, и в течение ночи она неоднократно просыпалась с криками испуга.

Я чувствовала, что я и сама была близка к нервному истощению. Однако, как только я это осознала, я поняла, что не имею права допустить этого – с кем тогда останется Дуся?! Помогли мне преодолеть это состояние и подтолкнуть меня к действию драгоценные подарки моей памяти. Опять я вспомнила все рассказы моей мамы о тяжёлом и страшном времени их жизни, вспомнила многие фильмы о войне и русском героизме солдат и простых людей. Лишения, которым они подвергались, ни в какой мере не могли сравниться с тем положением, в котором находились мы с дочкой. И я подумала тогда: «Если люди могли выжить в таких экстремальных, нечеловеческих условиях, то чем же я слабее? Я ведь тоже имею русские корни, значит я тоже сильная».

– Я выдержу, – сказала я себе тогда. Вот это была отправная мысль, моя установка, с которой началось наше выживание и, можно сказать, *выкарабкивание*[1] из ямы. Я поняла тогда, что единственный способ встать на ноги, – это вернуться к своей профессии и применить

---

1 выкарабкивание – to get oneself out, extricate oneself

socially dangerous partners. Furthermore they included alcoholics and drug addicts in rehabilitation. Thus in this hostel I became acquainted with yet another social layer of English society…

I had the sensation I'd fallen over the edge of a high precipice; fallen painfully. After my links with the circle of benevolent Christians, after the acquaintance with Sandy, the invitations to balls and garden parties of high society – to end up in a room with pasteboard partitions and to listen the whole night through[1] to neighbours' drunken revelry was unbearable and inexpressibly difficult. In this shelter Ducy couldn't fall asleep for long and during the night repeatedly burst into cries of fright.

I felt I was myself close to a state of complete nervous exhaustion. However, as soon as I realised this I understood that I had no right to allow this – who would Ducy stay with then?! The precious gifts of my memory helped me to overcome this state and nudged me into action. Again I recalled all my Mum's stories of the difficult and terrible times in their lives, I recalled lots of films about the war and the heroism of Russian soldiers and ordinary people. The deprivations they underwent could in no way be compared with the position in which Ducy and I found ourselves. I thought then: "If people could survive under such extreme, inhuman conditions, why then would I be any weaker? I too have Russian roots: that means I too am strong".

"I will survive", I said to myself then. Here then was my starting point, my state of mind with which began our survival and, as it were, clamber out of the *abyss*[2]. I understood then that the only way to get back on my feet was to return to

1   ночь напролёт – the whole night through
2   abyss – a very deep hole

311

III. «ТУМАННЫЙ АЛЬБИОН»

все свои знания и полученную в России квалификацию здесь, в Англии.

Я смогла получить контракт на реставрацию картин в местном музее. В его фондах хранились сотни работ известных художников Восточной Английской школы таких как Thomas Gainsborough, David Cox, William Frost, John Constable и многих других, которые нуждались в реставрации. Так что, работы было очень много, и работа была чрезвычайно интересная. Я очень люблю свою профессию, и, как я уже упоминала, эта работа давала мне несравнимое ни с чем чувство удовлетворения. Коллектив был замечательный, очень доброжелательные люди, и, в особенности, мой начальник – понимающий мои трудности и готовый помочь. Кроме того, эта работа обеспечивала мне финансовую независимость и вернула мне душевное равновесие, спасла меня от неминуемой депрессии. Я безгранично благодарна Роберту Энтвистлу за всё, что он для меня сделал! Да и как бы мы могли жить без добрых людей?! Ведь именно они духовная опора вечно струящейся жизни.

В это же время я начала работать в колледже, преподавая русский язык для взрослых; я вела вечерние классы. Надо сказать, что студенты, интересующиеся русской культурой и русским языком, проявляли завидное упорство в изучении языка, который совсем не был для них лёгким. Я уважала их и любила за интерес к России, за их усердие. Кстати, многие из них уехали жить и работать в Россию; присылают мне открытки с благодарностью. Им нравятся русские люди своим добросердечием и открытостью. Я очень рада за них и испытываю удовлетворение, что внесла свою маленькую *лепту*[1] в перемену их жизни, надо надеяться, к лучшему.

1 лепта – to do one's bit

my profession and to apply all my knowledge and Russian qualifications here, in England.

I received a contract for picture restoration at the local museum. In their stores were hundreds of works by well-known artists of the East Anglian School such as Thomas Gainsborough, David Cox, William Frost, John Constable and many others in need of restoration. Thus there was masses of work and the work was extremely interesting. I really love my profession and, as mentioned, the work gave me a feeling of satisfaction that was incomparable. The team was remarkable, very kindhearted people, in particular my boss – understanding my difficulties and giving all the help he could. Furthermore the work guaranteed for me financial independence and restored my balance of mind; it rescued me from the inevitable depression. I am boundlessly grateful to Robert Entwhistle for all he did for me! How could we live without kind people?! They are the spiritual support of ever- enduring life.

At just this time I began to work at the college, teaching Russian for adults: I ran evening classes. I must say that students who are interested in Russian culture and language showed enviable perseverance in the study of the language, which was in no way easy for them. I respected and loved them for their interest in Russia and for their diligence. Incidentally, many of them left to live and work in Russia, and send me postcards with their appreciation. They like the Russian people for their kind-heartedness and openness. I am very glad for them and derive satisfaction that I contributed my small mite in changing their lives, I hope for the better.

III. «ТУМАННЫЙ АЛЬБИОН»

The author while restoring at Cambridge

У меня же по-прежнему оставалась проблема с Дусей. По английским законам до 12 лет нельзя было оставлять ребёнка одного дома. Так что, мне приходилось крутиться-вертеться. После работы в музее я спешила забрать Дусю из школы, затем наскоро готовила ужин, готовилась к вечернему уроку и бежала в колледж. Приходилось часто брать Дусю с собой на уроки, но выхода у меня совершенно не было; надо было заработать деньги на первый взнос для покупки дома. Я верила, что только переехав в свой дом, мы могли бы выкарабкаться из «социальной среды с проблемами». Я думала прежде всего о дочери, так как боялась пагубного влияния на неё детей и подростков из неблагополучных семей.

Я видела серьёзнейшие проблемы этой прослойки общества. Сама я была защищена советской «бронёй» моих культурных и моральных ценностей, которая обеспечивала ясное представление «что такое хорошо, и что такое плохо» (это цитата из детской книжки

Open-air drama in an English town

As before there still remained the problem with Ducy. Under English law one was not allowed to leave a child of under 12 alone in the house so I was in a perpetual spin. After work at the museum, I'd rush to fetch Ducy from school, then quickly cooked supper, prepared for the evening lesson and hurried into college. I frequently had to bring Ducy to class with me, there was absolutely no way out; I had to earn the money for the first payment on the purchase of a house. I believed that only having moved to our own house could we claw our way out of the problem-ridden social surroundings. I was thinking first of all of Ducy, as I feared the destructive influence on her of children and adolescents from troubled families.

I saw the most serious problems of this layer of society. I was myself protected by the Soviet 'armour' of inculcated cultural and moral values which ensured a clear idea of 'what's good and what's bad' (a quote from the children's

замечательного писателя С. Маршака) и помогала мне не свихнуться с дороги.

Но Дуся в её возрасте была, естественно, чрезвычайно уязвима. Моя задача номер один была спасти будущее ребёнка: спасти её от уродства мышления, от непоправимых ошибок, от всех этих гнилых забав (наркотиков и алкоголя), которые калечат и уничтожают миллионы молодых жизней. Жалко этих людей; они становятся как бы слепыми и глухими и отсекают себя от ощущения реальной полноты жизни: от ощущения и горя, и счастья, и вдохновения. Они начинают воспринимать жизнь через химический состав крови, превращаясь, в биологическую особь на двух ногах, ни на что негодную. Страшно сказать, они теряют свой шанс прожить хорошую, достойную человеческую жизнь.

Было очень трудно физически, но я продиралась через *тернии*[1], имея в моём сознании эту задачу. Не было пионерских лагерей, которые могли бы забирать детей на все летние каникулы; и не было бесплатных спортивных, музыкальных школ и других кружков, которые могли бы занять детей после школы – ничего этого не было. Все проблемы по занятости детей после школы ложились на плечи родителей – поэтому было так тяжело. Государство не принимало никакого учстия в организации детского досуга. Сейчас, по-моему, появляются какие-то сдвиги, но это исходит от частного предпринимательства в отдельных точках страны и всё ещё не организовано на централизованном уровне.

---

1 тернии – expr., a difficult (thorny) path

books of that wonderful writer S Marshak) and which helped me not to go off the rails.

But Ducy, at her age, was naturally extremely vulnerable. My task number one was saving the child's future: to save her from warped thinking, from irreparable errors, from all these rotten amusements (drugs and alcohol) which cripple and destroy millions of young lives. Pitifully for these people, they become as if both blind and deaf and cut themselves off from the reality of life: from sensation of grief and happiness and inspiration. They start to perceive life through chemicals in their blood; they convert themselves, into two-legged biological creatures, good for nothing. Terrible to say it but they lose their chance to live a good, worthy human life.

It was very difficult physically but I forced myself through thorns, having this task in mind. There were no pioneer camps, which could take children for the entire summer holidays and there were no free sport or music schools or other groups which could occupy children after school – there was nothing like this. All the problems of looking after children after school rested on the shoulders of parents, which made it so difficult. The state took no part in the organization of children's free time. In my opinion some improvement is appearing but this all arises from private enterprise in isolated parts of the country and is still not organized at a central level.

11. Покупка дома!

Наконец, наступил этот долгожданный момент, когда я смогла наскрести необходимую сумму для первого взноса. Ура! Мы (я имею ввиду Дусю и себя) покупаем дом. Я была переполнена возбуждением и радостью. Казалось, что жизнь изменяется категорически и радикально к лучшему. После всех *мытарств[1]*, униженности существования, непринадлежности ни к какому сословию, покупка дома давала тебе ощущение, что ты идёшь по ступенькам вверх. Ведь в Англии, если у тебя нет дома, то ты, как бы, автоматически воспринималась обществом как неудачник с бесперспективным будущим. А с домом ты становилась полноправным членом общества. Хорошее чувство!

Конечно же, я могла купить очень скромный дом, но мне хотелось, чтобы он был более или менее просторный. Для среднего англичанина family house значит дом с тремя спальнями, гостинной, столовой, кухней и ванной. Вот такой дом я и решила найти. Так как, я была очень ограничена в средствах, то решила купить дом просторный, но требующий ремонта. В таком случае цена была бы значительно ниже. Я не боялась работы и думала, что смогу отремонтировать и привести дом в порядок своими руками.

После длительных поисков я, наконец, нашла то, что искала: дом в три просторных спальни, хороших размеров гостинная и кухня. Однако, состояние дома было, надо сказать, плачевным – не было ванны (только комната для неё), проводка свисала с потолков как паутина, и, главное, не было даже центрального отопления. Заплесневелые обои свисали грязными клочьями. Кухня, практически, тоже отсутствовала, от кухни осталось одно название, не

---

1 мытарство – ordeal, hardship

III.   FOGGY ENGLAND

11. We buy a house!

At last came the long-awaited moment when I could scrape together the necessary sum for the first payment. Hurrah! We (I mean Ducy and myself) were buying a house. I was overflowing with excitement and happiness. It seemed that life was changing categorically and radically for the better. After all ordeals, debasement of existence, not belonging to any class, buying a house gave the sensation that you were stepping upwards. In fact, in England, if you didn't have a house you were automatically perceived by society as a loser with a hopeless future. Having a house made you an equal member of society. A good feeling!

Of course I could buy a very modest house but I wanted one that was quite spacious. For the average English person, 'family house' means a house with three bedrooms, sitting room, dining room, kitchen and bathroom. This was the house I decided to find. Having very limited means, I decided to buy a spacious house, but in need of repair – in which case the price would be considerably lower. I wasn't afraid of work and thought I could do up the house and get it in order on my own.

After prolonged research, I at last found what I was looking for: a house with three spacious bedrooms, good-sized sitting room and kitchen. However, the state of the house was, it has to be said, lamentable – there was no bath (only a room for it), wiring hung from the ceilings like cobwebs and, most important, there wasn't even any central heating. Mildewed wallpaper hung in dirty shreds. The kitchen too was practically absent, existing only in name, there wasn't even

было даже пола. В остальном доме на полах покоились грязнейшего вида, вонючие, условно можно назвать, «ковровые покрытия». Было очевидно, что семейство, проживавшее здесь, испытывало незаурядные жизненные проблемы. Однако, когда я переступила порог этого дома, у меня было хорошее чувство, он мне сразу понравился, мне показалось, что дом мне «улыбнулся».

Имея воображение, можно было себе представить, как дом будет выглядеть после ремонта. У него были хорошие пропорции, комнаты были светлые, и вообще он был какой-то радостный, несмотря на свою искалеченность и запущенность. В тот же день, поверив своему внутреннему голосу, я решила, что это будет наш дом, и начала процесс покупки.

В Англии процесс покупки или продажи дома занимает минимум два месяца. Иногда даже может растянуться значительно дольше и представляет значительный стресс. Хозяин дома имеет право в последний момент изменить своё намерение. Но, Слава Богу, мы с Дусей молились каждый вечер, и наша покупка состоялась.

Словами трудно было бы выразить многоцветное ощущение радости, которое я испытала. Могу только поместить это чувство на шкалу сравнения – второе по силе после рождения дочери.

Итак, нужно было *закатать рукава*[1] и приниматься за работу. Впервые мы вошли в свой многострадальный дом в конце февраля. Погода в это время в Англии самая нерадостная – проливные дожди вместе с пронизывающими ветрами с моря. И хотя температура даже ночью плюсовая, этот пронизывающий, северный и сырой ветер заставляет тебя дрожать, как «маленькую собачонку». Без отопления, кухни и ванной нечего было

1 закатать рукава – colloq., roll up your sleeves

a floor. In the rest of the house, on the floor lay the dirtiest, stinking, what conditionally one could call "carpet". It was obvious that the family living here experienced exceptional problems. However, when I stepped over the threshold of this house I had a good feeling, it immediately pleased me, it seemed to me that the house smiled at me.

With imagination it was possible to visualize how the house would look after repairs. It had good proportions, the rooms were bright, and generally it was somehow cheerful in spite of its disfigurement and neglect. The very same day, believing my inner voice, I resolved that this would be our home and began the process of purchase.

In England the process of buying or selling a house occupies a minimum of two months. It can sometimes extend considerably longer and represents significant stress: the owner of the house can change his mind at the last moment. But, glory to God, Ducy and I prayed each evening and our purchase took place.

Words could hardly express the multicoloured sensation of happiness I experienced. I can place this feeling on a scale of comparison as second only to the birth of my daughter.

And so I had to roll up my sleeves and start work. We first entered our long-suffering house at the end of February. The weather in England at this time is quite gloomy – pouring rain together with penetrating winds off the sea. And although the temperature at night is above zero, this biting damp northern wind makes you shiver like a little dog. Without heating,

и думать начинать ремонт с ребёнком в доме. Опять же, нашлись добрые друзья, которые взяли Дусю к себе на две недели.

У меня было две недели, чтобы перевернуть дом *вверх ногами*. Прежде всего, мне нужно было освободиться от вонючих «ковровых покрытий» и заплесневелых обоев. В это же время электрик *налаживал*[1] проводку для всего дома на двух этажах. Через день вся проводка и розетки были на месте, появилось электричество. Затем пришла команда водопроводчиков, и им потребовалось ровно две недели, чтобы в доме появилась горячая вода, отопление и ванная. Прекрасно! В этом доме, несмотря на облупленные стены и искарёженные двери и полы, уже можно было жить.

Я привезла Дусю от друзей и *выбивалась из последних сил*[2], чтобы поскорее привести дом в порядок, и она, не стыдясь могла бы пригласить своих школьных друзей. На восстановление дома у меня ушёл год. Это был невероятно тяжёлый год в физическом отношении – каждый вечер я буквально доползала до кровати, и от усталости была не в состоянии даже разговаривать с дочерью. Опять ребёнок был предоставлен сам себе; опять был *недогляд*[3] с моей стороны и отсутствие должного внимания. Всё это, безусловно, отразилось на формировании характера девочки. Недостаток времени для разговоров, совместных занятий, поездок в разные детские центры, Дуся воспринимала, как отсутствие любви к ней. Может, для ребёнка дом – это прежде всего духовное и душевное общение, и не столь важно в каком состоянии стены и полы?

---

1 налаживать – to make something work, repair
2 Выбиваться из последних сил – to wear oneself out doing a job
3 недогляд – colloq.; to fail to keep an eye on

kitchen or bathroom I couldn't think of starting repairs with Ducy in the house. Again good friends came to the rescue and took Ducy to look after for two weeks.

I thus had two weeks to overhaul the house from top to bottom[1]. First of all I had to be freed from the malodorous so-called carpet and mouldy wallpaper. Just at this time an electrician was rewiring the entire house, both floors, in a day. A day later all the wiring and sockets were in place and electricity appeared. Then came a team of plumbers who required exactly two weeks to install central heating with hot water and a bath in the house. It was wonderful! So now despite peeling walls and badly damaged doors and floors it was already possible to live in the house.

I brought back Ducy from the friends and wore myself out getting the house in order faster so she could invite her school friends without shame. The renovation of the house took me a year. This was an incredibly arduous year physically – every evening I literally crawled into bed and, from fatigue, couldn't even talk with my daughter. Again the child was left to herself; again there was neglect on my part and lack of proper attention. All this was undoubtedly reflected in the moulding of a girl's character. The lack of time for conversations, doing things together, trips to different children's centres, Ducy perceived as less love for her. Perhaps for a child, home means, first and foremost, spiritual and mental contact, never mind the state of the walls and floors!

1   Russian says 'from the feet upwards'

III. «ТУМАННЫЙ АЛЬБИОН»

Наверное, это так... К сожалению, я поняла это значительно позже, опять же, это была моя ошибка.

Господи, сколько же неверных шагов ты делаешь с первым ребёнком, несмотря на то, что живёшь и сердцем и душой только для него. Надеюсь только, что

Ducy's First Communion

III.   FOGGY ENGLAND

Probably, this is so… Unfortunately I understood this considerably later, again this was my mistake.

Lord, just how many wrong steps do you make with the first child despite the fact that you live with heart and soul

An historic church in the author's new home town

IV. ЗАКЛЮЧЕНИЕ

девочка моя со временем почувствует, что нет для меня на свете ничего и никого дороже её, и моя любовь к ней неиссякаема.

ВОПРОСЫ

1. Что вы думаете о людях, распространяющих наркотики среди молодёжи? Какой мере наказания вы бы их подвергли?
2. Любят ли англичане садоводство? Что они предпочитают видеть в саду - газон и цветы или же выращивать овощи? Какова последняя тенденция в садоводстве?
3. Какие возникли трудности у автора в начале становления жизни в Англии? Как вы думаете – типичны ли они для всех эмигрантов?

IV. ЗАКЛЮЧЕНИЕ

«Неважно, где жить. Важно только то,
на что мы тратим свою жизнь».

Эрих Мария Ремарк

После покупки и ремонта дома, жизнь приобрела рутинный характер: Дуся училась, я работала на двух работах (преподавателем в колледже и реставратором в музее), обеспечивая необходимую финансовую платформу. Из-за отсутствия свободных денег и острого недостатка времени, развлечений кроме телевизора практически не было, также, как и не было достаточного общения с друзьями.

only for the child. I only hope that my girl in the course of time will feel that nothing and no-one in the entire world is as precious as her, and that my love for her is everlasting.

QUESTIONS

1. What sort of place did the author stay at in Scotland?
2. What events gave her the strength to leave her "English husband"?
3. What helped her recover from her problems?
4. In her eyes what does she most want Ducy to understand?

IV. CONCLUSION

"It is of no importance where one lives.
It is important only how we spend our lives."
Erich Maria Remarque

After the purchase and repair of the house, life acquired a routine nature: Ducy studied and I worked at two jobs (teaching at the college, and restoration at the museum), ensuring the necessary financial base. Due to the dearth of money and the acute lack of time, there were, apart from television, in effect no entertainments, just as there was not enough contact with friends.

IV. ЗАКЛЮЧЕНИЕ

Ах, канули в прошлое еженедельные Московские театры, концерты в консерватории, многочисленные выставки.

Оглядываясь сейчас назад и проходя по бесчисленным лабиринтам памяти, я вдруг обнаружила, что наиболее интересная и насыщенная жизнь для меня была в России, в доперестроечной России, *т.е.*[1] в Советском Союзе. Как я уже упоминала, главное и неотъемлемое преимущество того образа жизни было в отсутствии напряжения и давления социальных факторов. Обеспеченность работой и наличие жилья формировали стабильность в жизни. Это ли не мечта большинства из нас?! Кроме того, у нас оставалась ещё уйма времени, чтобы пообщаться с друзьями. И не раз в месяц или полгода, как у меня здесь в Англии, а, практически, каждую неделю, а то и чаще.

Однако, трудно отрицать, что существовали проблемы, и были люди недовольные. СССР было первое в мире государство – первая попытка построить общество социальной справедливости, социальной защищённости и экономического процветания. Естественно, как все начинания, этот процесс становления принципиально нового строя претерпевал невиданные трудности. Возникали сложнейшие проблемы, и неоткуда было позаимствовать опыта, чтобы их разрешать. Таких стран с подобным социальным строем в истории не существовало. Все шаги молодой страны были первыми шагами младенца – падения, ушибы, синяки.

И русские люди это понимали.

Подавляющая пропорция населения в СССР с энтузиазмом и верой в будущее работала, творила – жила, не делая глобальной проблемы из-за отсутствия

1 т.е. (то есть) – i.e..

IV.   CONCLUSION

Ah, vanished in the past the weekly Moscow theatres, the concerts at the conservatoire, the innumerable exhibitions...

Looking back now and browsing the countless labyrinths of memory, I suddenly discovered that the richest and most interesting life for me was in Russia, pre-perestroika Russia, i.e. the Soviet Union. As I have said, the main and inherent advantage of that way of life was the absence of stress and pressure of social factors. Provision of work and accommodation created stability in life. Is this not the dream of most of us?! Furthermore there was still plenty of time for socialising with friends; not once a month or every six months as for me here in England, but practically every week or even more often.

However, it is difficult to deny that problems existed and there were dissatisfied people. The USSR was the first state in the world – the first attempt to build a society of social equality, social security and economic prosperity. Naturally like all beginnings this process of founding a principally new system underwent unforeseen difficulties. The most complicated problems kept appearing and there was nowhere to go for advice on solving them. There was no country in history with a similar social system. All the steps of a young country were the first steps of a baby – falling over, injuries, bruises.

And the Russian people were understanding.

The majority of the population of the USSR, with enthusiasm and faith in the future, toiled, created – lived without making a global problem because of the absence

некоторых товаров. И то, что для гостей-иностранцев было «ужасной реальностью», для нас было привычной действительностью... Здесь можно опять вернуться к прорицательным словам великого поэта А. Пушкина о России «Смотрите ж: всё стоит она...»

1. Два языка, два образа мыслей

Я приберегла к концу небольшое размышление. Что же я приобрела в духовном развитии, чему я научилась в Англии? Стоило ли так радикально менять место жительства и вырвать из родной земли свои корни? Однозначно ответить на этот вопрос будет нелегко, да и задача этой книги – другая. Я хотела поделиться персональным опытом жизни в доперестроечной России. Иностранцы на мой взгляд имеют несколько искажённое представление об этом периоде, а порой, и вовсе – никакого. Я же описываю здесь в неискажённом виде свои впечатления, свою точку зрения, свои ощущения – из первых рук, так сказать.

Был период, когда я чувствовала, что я «ни там, ни здесь» (я имею ввиду – ни в России, ни в Англии). Однако, по прошествия двадцати лет я настроена более оптимистично, и теперь я думаю иначе. Жизнь в Англии обогатила меня большим опытом в плане общения с людьми. Мне понравились англичане. Есть определённый шарм в их вежливой улыбке, желании быть полезным, в их безграничном либерализме и толерантности. За исключением редких случаев, ты не чувствуешь снобизма по отношению к иностранцам. И, кроме экономических причин, может быть, именно этим

IV.   CONCLUSION

of a few goods. And what was for foreign guests a 'horrible reality' was for us the life we were used to... Here we can return again to the soothsaying words of the great poet A Pushkin about Russia: "Look, she's still standing".

1. Two languages, two ways of thinking

I've saved some reflections for the end. What did I gain in spiritual development, what I did learn in England? Was it worthwhile to change my place of residence so radically and to uproot myself from my native land? A straightforward answer to this question will not be easy and the task of this book is different. I wanted to share my personal experience of life in pre-*perestroika* Russia. Foreigners, from my point of view, have a distorted knowledge of this period and sometimes know nothing at all. I present here my own undistorted impressions, my point of view, my perceptions – at first hand, so to speak.

There was a period when I felt I was neither here nor there (I mean neither in Russia nor in England). However, after the passage of 20 years I'm in more optimistic mood and now I think otherwise. Life in England enriched me with great experience in the area of contact with people. I like the English: there's a definite charm in their polite smile, their desire to be useful, their limitless liberalism and tolerance. Except in rare cases you don't feel snobbery towards foreigners and, apart from economical reasons, it's probably precisely this of all their qualities that could

IV. ЗАКЛЮЧЕНИЕ

их качеством можно объяснить самый большой приток эмигрантов в европе в «добрую старую Англию».

Кроме того, очень многие англичане работают волонтёрами в «чарэти» организациях, включая и членов королевской семьи. Это говорит об их истинно доброжелательных намерениях помочь терпящим бедствие людям.

Итак, в конце моего повествования я хотела бы изложить следующую мысль, которая пришла мне в голову через преподавание русского языка. Я заметила интересную особенность в разном образе мышления русских и англичан. Я связываю эту особенность со структурой языка. Русский язык является более определённым в смысле **намерение – действие**, более, я бы сказала, *напористым[1]*. В английском же языке используется практически постоянно условное наклонение, как то: **я бы хотел(а) что-то сделать, но........**, и вот то, что следует после **«но»** является более важным по смыслу по сравнению с главным предложением. Или: **я попытаюсь что-то сделать...**

Эта структура придаёт английскому языку мягкость, но вместе с тем и бôльшую неопределённость; поэтому намерение в английском языке не означает ещё последующего определённого акта. На меня оказала влияние эта мягкость, эта вежливая уловка мышления избежать напряжения и сто-процентной определённости. И теперь, когда я приезжаю в Россию, то при общении с людьми я чувствую эту нашу русскую напористость языка и прямолинейность мышления. С русскими ты всегда знаешь: «*кто твой друг, а кто твой враг*»[2]. С

1 напористый – pushy
2 кто твой друг, а кто твой враг – expr., friend or foe

perhaps explain the largest inflow of emigrants to Europe into 'good old England'.

Furthermore, many English, including members of the Royal Family, work as volunteers in 'Charitable organizations'. This says much about their truly benevolent intentions to help victims of misfortune.

And so, at the end of my narration, I now want to present the following thought which came to me through teaching Russian. I noticed an interesting peculiarity in the different ways of thinking in Russians and English people and I connect this peculiarity with the structure of language. The Russian language is more definite in the sense **intention – action**, it's more, I would say, pushy. In English, on the other hand, the conditional is used almost constantly, such as: **I would like to do something, but .....**, and here what follows **but** is more important according to the sense in comparison with the main clause of the sentence. Or: **I will try to do something .....**

This structure adds softness to the English language but at the same time great uncertainty; therefore intention in English does not necessarily indicate a subsequent action. This softness had an effect on me, the polite ruse of thinking so as to avoid stress and hundred percent exactness. Now, when I arrive in Russia, in contact with people I feel the hectic nature of the Russian language and the straightforwardness of thinking. With Russians you always know if someone

англичанами же этот твой внутренний вопрос всегда остаётся вопросом.

Кроме того, я заметила, что в английском языке употребляется значительно меньше прилагательных, описывающих тот или иной предмет и то, или иное действие. Может быть, именно поэтому англичане воспринимаются другими нациями как сдержанные и даже «холодные» люди. Каждое цветистое и эмоциональное описание воспринимается как гипертрофированное и необязательное проявление чувств. Я сама с удивлением заметила, что эта «причёсанность» и сдержанность языка со временем отразились и на моём характере. Исчезло моё озорство, и фантазия моя как бы «сморщилась». Мой «пульсирующий фонтан иссяк». Я стала превращаться в «серую мышь» с ровной, гладкой, вежливой манерой общения. Если же прибавить к этому употребление сто раз в день «спасибо» по надобности и без необходимости, а просто автоматически, то из меня получилась супервежливая «тётя мышь». Так что, язык, оказывается, определяет сознание – вот к какому выводу я пришла.

Я впитала культуру двух стран и восприняла два разных образа мышления. Я могу сказать, что стала богаче, имея задор русского языка и сбалансированность и дипломатичность английского. И теперь я думаю более позитивно о своей жизни; сейчас я могу сказать: «Я и там, и здесь».

Когда же наскучивает мне пребывать в постоянном и неизменном балансе, то отправляюсь в Россию «расправить крылышки» и полетать. Черпнуть из богатого русского языка и горьких, и солёных, и перчёных, и вкусных русских слов, а также изумиться и насладиться в миллионный раз остроте русской шутки.

is 'friend or foe'. With the English however, your intrinsic question always remains a question.

Furthermore I noticed that in English, the adjectives – which describe one or other object and one or other action – are used considerably less. This may therefore be precisely why the English are perceived by other nations as reserved or even 'cold' people. Each flowery and emotional description is perceived as the exaggerated and unnecessary manifestation of feelings. I myself noticed with surprise that this 'grooming' and restraint of language in the course of time were reflected in my own nature. My mischievousness disappeared and my imagination was as though shrunk. My bubbling fountain ran dry. I began to change into a gray mouse with a flat, smooth, polite manner. If we then add to this the use of 'thank you' a hundred times a day when you need it or even if you don't – simply saying it automatically – then out of me emerged a super-polite "aunty mouse". Thus language defines consciousness – this is the conclusion I arrived at.

I absorbed the culture of two countries and took in two different ways of thinking. I can say that I became richer, having the passion of the Russian language and balance and diplomacy of English. I now think more positively about my life, now I can say: "I'm both here and there."

However, when I'm bored to be in a state of permanent balance then I leave for Russia to spread my wings and fly. To scoop up from the rich Russian language bitter, salty, peppery and tasty Russian words, and also to be amazed and

IV. ЗАКЛЮЧЕНИЕ

Разнообразие делает жизнь более интересной и полной. Да здравствует свободное перемещение по планете.

Только вот не знаю я, как обернётся мой эксперимент для моей дочери: сможет ли она прорасти и пустить корни на второй для неё родине; и будет ли она помнить, что родилась в студёной Москве – красавице…

Итак, подытоживая изложение материала для продвинутых студентов, а также и для тех людей, которые интересуются загадочной и великой Россией, могу, наконец, дать название этой книге:

Две страны, Два языка, Две жизни.

«А чем сердце успокоится? Разве тем, что вот всё-таки была такая великая, страшная, прекрасная, поучительная страна – Россия».

Вячеслав Пьецух
известный русский современный писатель

IV.   CONCLUSION

enjoy for the millionth time the wit of Russian jokes. Variety is the spice of life. Long live free movement in the world.

Only here I don't know how my experiment will turn out for my daughter: would she be able to germinate and take root in her second native land, and will she remember she was born in icy-cold beautiful Moscow...

And so, summing up the outline of my material for advanced students and also for those people who are interested in enigmatic and great Russia, I can finally give a name to this book:

Two Lands, Two Languages, Two Lives.

"And what would one's heart be content with?[1] Perhaps
by the thought that there was indeed such a great,
scary, splendid, enlightening country – Russia!"
                    Vyacheslav Pyetsukh
            Famous Russian contemporary writer

1   phrase used by a fortune-teller at the end of a session

IV. ЗАКЛЮЧЕНИЕ

ВОПРОСЫ

1. Какая разница в решении проблем, возникающих у человека в России и в Англии?
2. Можете ли вы проследить связь между национальными особенностями и структурой языка? Проанализируйте эту связь на примере итальянцев, немцев, англичан и русских.
3. Приведите наиболее характерные национальные особенности народов, которые можно соотнести со структурой языка.

IV.   CONCLUSION

QUESTIONS

1. What, according to the author, were the main advantages of life in the Soviet Union over life in the West?
2. What do you think are the cultural differences between the Russians and the English?
3. Do you think one's language changes the way one thinks? Is this permanent or just a question of what language one is thinking in at the time?
4. Describe some of the surprises to the author about the English temperament.
5. How are these personal characteristics reflected in the use of language?
6. Do you think that the author considers life in England better or worse than that which she led in the USSR?

AFTERWORD

It's ironic that having experienced the complete collapse of communism I went on to witness the corresponding near-collapse of capitalism (as predicted by Marx who said the banks would lend too much!) at the beginning of 2009, so I can say I'm familiar with the best features and worst excesses of both systems.

I am often asked in the West about the minutiae that formed the background to daily life in the Soviet Union, things one never thought about at the time – they were simply there.

The perennial question concerns shortages and yes, we had them, but people became adept at finding a way round. Food shops had queues but these were mainly the cheapest *kolbasa* sausage shops. However there were alternative grocers costing a bit more and also farmers' markets with fresh produce. Spare parts could be hard to get but there was a flourishing blackmarket and through personal contacts via the grapevine known as *blat*, almost anything was obtainable. Party members, such as town mayors, had privileged access to priority shops but one wasn't aware of open resentment about this – people just felt "Let them make themselves fat!" Accommodation similarly was short, with a waiting time of up to 5 years, but one could buy a flat in a housing cooperative and share the maintenance costs. In addition the government had priority apartments for new graduates assigned to jobs. It's often thought there was no private property but people could have gardens and smallholdings and sell produce in markets. Farmers had to belong to a *kolhoz* but were allowed some land of their own as well as grazing land and forest for firewood.

The Brezhnev years are often dubbed "the period of stagnation" by westerners. This may have been true politically but we had a wonderfully independent lifestyle:

the arts of this period gave people real pearls in cinema, the theatre, literature and music. And if people had to choose between the sausage queue and a theatre, I assure you the choice invariably fell on the side of the arts. There was no stagnation in engineering, with huge projects all over the country such as Krasnoyarsk hydroelectric station (GEC) in Siberia, the Baikal Amur railway (BAM) connecting west and east Russia, and irrigation schemes for the vast Kazakhstan deserts for growing rice and cotton, and so on. This last was to have a disastrous effect on the Aral Sea but that wasn't foreseen at the time.

How much was one aware of the regime? There were communist placards and posters everywhere of course but one was simply inured to them and took no notice. There were no commercial advertisements of course whereas here one feels there are far too many! Every office displayed the obligatory portraits of Stalin and Lenin, later just Stalin! There was no real news on the radio, no-one could listen to the BBC and the state news was largely about progress with the current five-year plan. We simply got on with living our lives and the state lived its life! People were very literate and read a lot of books and there was no shortage of Russian literature. Books that were banned because the authors were disapproved of by the regime appeared secretly through *samizdat*. The cinema was enormously popular and cost just 10 kopeks, with highly imaginative and inventive Russian movies – later killed off by American imports.

Another point made is that workers were very rarely fired for laziness or incompetence, so that service in shops was very poor since the employee was paid whether he served or not. This is true, but the Soviet attitude was to educate rather than punish, so that known drunkards were actually fetched from home in the morning by the police and delivered to their workplace!

Did people complain about the regime? Not that I heard. There was quite simply no point – we were mere nuts and bolts in a giant machine. Of course there was opposition by dissidents such as Andrei Sakharov who were imprisoned, and even the eminent scientist Zhores Medvedev who was interned in a mental asylum to silence him and released only after international outcry. The people however knew nothing of this, or even of major events such as the invasion of Czechoslovakia in 1968.

And how do I feel about communism? Say what you like – and many Westerners did – but life in the Soviet Union had redeeming features. Education, social support, leisure activities, Pioneers and childcare were excellent. Crime was almost non-existent and one felt quite safe everywhere – the threat of time in a Soviet prison was deterrent enough. We felt somehow that communism was a gallant experiment and only realised gradually that it was doomed to failure by its inability to compete in the modern world. And little did we know of the countless numbers that perished in its formation, first by Lenin and the Bolsheviks and then on a truly appalling scale by Stalin.

Gradually the system became more cumbersome with the increasingly aged presidents from Brezhnev, Andropov and Chernenko, and their politburos. Eventually the more vigorous Gorbachev threw himself into the many problems of the cold war, the Afghanistan war, unrest in the satellite countries as well as corruption, alcoholism and economic problems at home. He started to dismantle communism but since we know from recent experience that capitalism requires strict regulation to function properly, Gorbachev – the darling of the west – left his people with no system, no jobs, no pay, and no food...

AFTERWORD

Ipswich Waterfront

Christchurch Mansion

Lightning Source UK Ltd.
Milton Keynes UK
UKOW04f1911240913

217871UK00001B/25/P

9 780755 206384